JN072017

山下順子
unko Yamashita

ひとりでやらない
育児・介護のダブルケア

ポプラ新書
200

はじめに

「子育てと介護と、ダブルなんだよ……」

これは、東日本大震災の直後に、横浜に暮らす友人の口から聞いた言葉です。震災直後で買い物もままならず、計画停電がおこなわれるなど日常生活を送るのさえ大変な状況のなか、保育所の送迎と乳児の世話といった子育てと、親の通院の付き添いと介護の両方の負担や責任を、「ダブルで」担っていました。

このように、「ダブルケア」という言葉は、それを実際に体験していた女性の実感から紡ぎ出されました。そして私たちは、その問題を明らかにしたいとの思いから、この言葉を使いはじめました。

「私もダブルケアかもしれない」

「ふりかえってみると、あの方も、ダブルケアだったかもしれない」

子育て中の方や、介護支援にたずさわる方とお話をしていると、こうしたつぶやきを耳にする機会がよくあります。この本の中で後ほど紹介する私たちの調査では、大学生以下の子どものいる人達の3割弱がダブルケアに直面中か経験していることがわかりました。

「ダブルケア」の経験は日本社会にすでに多く存在していたものの、個々人の問題と受け止められて、社会的な問題としては認識されていなかったのだと思います。それが、新しい概念を与えられたことによって一気に顕在化するのを感じています。


ダブルケア研究プロジェクトをはじめるため、「ダブルケア」の状況を調べてみようとすると、その実態を把握できる政府統計がないことに気づきました。子育てと介護、それぞれの調査や統計は豊富にありますが、「ダブルでしている」方の実態がわかる調査や政府統計がなかったのです。

世界において高齢化率トップの日本では、晩婚化・晩産化・少子化が同時に進行しています。今後、「ダブルで子育てと介護を担う」人が増えていくのではないだろうか？今、「ダブルケアをしながら生きる」方々がどのくらいいて、その日常はどんな感じなのか、必要な支援はなんだろうか、と考えていると、政府統計がないならば、研究者である私たちで、その実態把握をしてみようと強く思いました。

そこで私たちは、日本学術振興会の科学研究費の支援と横浜国立大学経済学部附属アジア経済社会研究センターの支援を得て、2012年4月、「ダブルケア」研究に着手しました。まずおこなったのは、アンケート調査とインタビュー調査です。

その分析結果が出はじめた3年後、2015年9月2日には、NHK「あさイチ」でダブルケア特集が組まれました。

山下が出演しましたが、その反響は予想以上でした。知ることができてよかったです」とお電話をいただいたり、「自分はダブルケアなんだと、気づくことができました。……言葉って大事ですね」と当事者の方から多くの声が寄せられました。さらに、自分も過去にダブルケアをしていたという方々から、何かできることはないだろうかという声もたくさんいただきました。

調査を進めていくうちに「ダブル」どころかトリプル以上のケアを抱える方も多くいらっしゃることがわかりました。家族や親密な関係のなかには、複数のケア関係が存在し、そこには、ふだんあまり語られることのないような複合的な課題が横たわっています。

少子高齢化が進行するなか、子育て支援や介護サービス制度は整えられてきました。しかし、それぞれ別々に発展してきた子育て支援、介護サービス制度は、はたして、子育てと介護に「ダブルで」直面する方々にとって、利用しやすいのでしょうか？

また、ダブルケアは、今直面していない方々にとっても他人事ではありません。親、兄弟姉妹や親族の介護が重なることは、独身であっても、自分の将来に起こりうる問題だと感じる方は多いのではないでしょうか。年金制度の持続可能性も問題となるなかで、各世代に、これ以上の負担がかかることは避けねばなりません。

負担が「ダブル」になるのではなく、人生の充実が「ダブル」になる機会となるように、社会設計をし直すべきときがきています。

この本は、「ダブルケア」を知らなかった方にも、ダブルケアの実態や支援のあり方について理解していただけるよう、具体的な事例を交えわかりやすい入門書をめざしました。

また、ダブルケアという新しい概念ができたことで、当事者同士がつながり、その近くにいる人たちもつながり、ダブルケアを応援するネットワークが広がっていったダイナミズムを生き生きと描きたいと思いました。そうすることで、私たち一人ひとりが考えたり、行動するためのヒントになるのではないかと考えたからです。

本書は、ダブルケアをとりまくテーマについて多面的に知っていただけるように構成されています。どこから読んでいただいても、あるいは個別の章だけ読んでいただいても、それぞれのテーマについて知っていただけます。

この本の原稿は2020年初頭にはほぼ出来上がっていましたが、出版するにあたって、今の時点における刊行の意義を考えずにはいられません。それはこの時期にはじまった新型コロナウイルスの世界的流行によって、ダブルケアを含んだケアのあり方に大きな変化が生じているからです。新型コロナ感染症の流行は、ケアがどれだけ家族を超えた社会――たとえば、保育所、学校、近隣関係、高齢者施設あるいは地域で人が集えるさまざまな場所――で支えられているかをあきらかにしました。その一方で、コロナ禍で膨れ上がったケアへの対応や負担をどうするかについては、国会でほとんど議論されることもなく、あまり報道されることもなく、家族、特に女性頼みになっています。さらに、同居する家族がいなくてケアを受けられない人の孤立も、見過ごされています。このようなことは、以前から私たちの社会に根強く存在している問題であり、コロナ禍の状況下でより深刻になっています。

本書が、子育てと介護、そして広く人を世話すること（ケアすること）が尊重され、子育てと介護にたずさわる人を支えあう社会づくりの一助となれば、著者としてはこの上なく幸せです。

令和二年十一月吉日

相馬直子・山下順子

ひとりでやらない　育児・介護のダブルケア／目次

第2章　ダブルケアをとりまく「文学」と「制度」　59

第1章　ダブルケアのリアル

「突然」はじまるダブルケア

「子どもが生まれ、育児に専念しようと思っていたときに、父親が脳梗塞《のうこうそく》で倒れた」
「子どもを保育所に預けて、職場に復帰してしばらくしたら、親の様子がおかしいことに気づいた」

このように、「突然」はじまるのが、ダブルケアです。

子育てには、妊娠、出産を経て、親としての自覚が芽生え、少しずつ子どもの育て方を学んでいき、親になっていく過程があります。自分のライフステージに合わせて、ある程度計画的に進めることもできます。

それに比べて、多くの介護は「突然」はじまります。カッコつきの「突然」にしたのは、実際には予兆めいたものがあっても、「突然」やってきたと感じるダブルケアラー(ダブルケアをしている人)の方が多いからです。

タイミングは人によってさまざまで、赤ちゃんの世話に慣れたと思ったところで、あるいは産後に職場復帰し、子育てと仕事の両立に奮闘している真っただ中で、または子どもが幼稚園に行きはじめて自分の時間ができると思った矢先に、親が自分一人では生活ができないような状況が訪れます。

「こんなはずじゃなかった」と思う方が多いようです。

「介護は、子どもがある程度育ってからくるものではなかったの？」「自分の親が介護をはじめたとき、自分はもう高校生だったではないか」と。

あるいは、親に子育てを手伝ってもらった後で介護がくるのが当然と思っていた、という声もありました。

もっと先にくるはずだった介護が急にはじまり、どうしてよいかわからない。そのような状況にあるダブルケアラーの方に、たくさんお会いしました。

ここで、ダブルケアが「突然」はじまった方の実例を、いくつかご紹介します。

Mさん（横浜市、40代前半女性、パート勤務、子ども16歳、14歳、10歳）

パートで働きながら、高校生から小学生までの男の子3人の子育てで忙しい日々を過ごしていましたが、ある日突然、実の母親が脳溢血《のういっけつ》で倒れて入院。幸い一命はとりとめましたが、半身麻痺と、脳機能の一部に後遺症が残ることがわかりました。
母親は、実家で弟と二人暮らしをしていましたが、弟は精神的に不安定なことも多く、母親の介護をすることはできません。兄もいますが、あてになりません。他の選択肢もなく、また、人に任せるよりは自分で介護をしたいとの思いから、母親と自宅で生活することを決断しました。母親の障害や変化を受け入れて暮らすのは想像以上に大変でした。急に家が狭くなった気がしました。さらに、いつもいろいろなことに追われて生活しているような気がしました。子どもたちも、生活が変化して大変だろうと思うのですが、自分は母親のことで精一杯で、ゆっくり話を聞いてやることもできず、悪いなと申し訳ない気持ちです。

Oさん（横浜市、30代後半女性、専業主婦、子ども6歳、2歳）

実家から徒歩約10分のところに、マンションを購入しました。元気な父母に子どもの成長を一緒に見てもらうことのできる近居は、心強かったです。両親も孫との交流を楽しみに暮らしていました。父親が先に定年退職を迎え、母親はまだ非常勤で働いていたこともあり、長男はとくに父親になついていました。次男が生まれて、孫が増えたことを喜んでくれていた矢先、父親が脳梗塞で倒れました。命はとりとめたものの、半身麻痺と軽い認知症が後遺症として残りました。その日から、生活が一変しました。

仕事のある母親に代わり父親の病院に見舞いに行ったり、医者との面会に立ち会ったりしました。歩きはじめた次男を連れて、幼稚園のお迎えから病院に直行する日々が続きました。父親が退院して実家に戻ると、ほぼ毎日、2歳の次男を連れて実家を訪ね、父親の日常生活を支えたり、デイサービスに出かける準備を手伝ったりするようになりました。加えて、母親の愚痴の聞き手にもなりました。

そのような毎日を過ごしているうちに、小学校に入学したばかりの長男が、学校に行きたがらなくなりました。スクールカウンセラーからは、小学校入学や大好きだったおじいちゃんの変化など、環境の変化に戸惑っているのではないかといわれました。下の子がいるので、十分に父親の面倒を見ることができず、もっと父親の力になれればと悔やんでいます。一方で、がんばり屋の長男が学校に行かなくなってしまうほど、いろいろと負担をかけていたのかと思うと、自分が消えてしまいたいと思うこともありました。

Mさんは実の母親の脳溢血、Oさんは実の父親の脳梗塞の発症から、文字通り「突然」ダブルケア生活となりました。MさんやOさんの場合のように、病気の発症からすぐに介護がはじまる場合と、認知症のように進行型の病気によって、少しずつ介護が必要となってくる場合があります。

次にご紹介するのは、母親の介護が少しずつ必要となるなか、出産を経てダブルケアラーになったZさんの例です。

Zさん（横浜市、30代女性、産休中、子ども0歳）

20歳のとき、60歳の母親に認知症の症状が出はじめ、63歳で診断を受けました。父親は病気で他界しており、兄と二人で母親を支えてきました。しばらくして、兄も自分も結婚し、母親は一人暮らしになりましたが、いろいろとトラブルが絶えなかったため、一人暮らしをさせておくことに限界を感じました。そこで、夫と話しあい、産休に入るタイミングで実家での同居をはじめました。しかし、認知症は進行しており、とくに被害妄想、暴言、暴力があり、臨月の私は身の危険を感じるほどでした。母親の病気の進行を見るのも、攻撃されるのもつらく、泣かない日はありませんでした。周囲から「実家で暮らすなんて、楽でいいね」といわれるたびに、複雑な思いをしました。

その後、母親の被害妄想が強くなり、出ていけと怒鳴られることなどが続き、出産後に赤ん坊の世話をしながら母親を支えていく自信をなくし、実家の近くにアパートを借りて見守ることにしました。ほどなくして、母親本人が「施設に行きたい」といい、老人ホームで暮らすことになりました。今の状況が、母親といちばん良い関係でいられるように感じています。一方で、自分がもう少し違う対応ができていたら、同居もうまくいったのではないか、母親を追いつめていたのではないかと後悔が残ります。同世代やママ友に話しても、ピンとこないことだと思うので、話せません。介護と子育ての悩みを共有できる人が身近にいません。

先日、母親を連れて家族で週末旅行をしました。0歳児を見ながら、母親を見守るのは大変でしたが、母親も喜んでいたので、自分もうれしかったです。けれど、夜泣きの赤ん坊を寝かしつけるとき、母親が怒りながら妄想で私の悪口をいいはじめ、子どもの泣き声と母の怒る声を呆然と聞いて夜を過ごしました。

Zさんのように、育児よりも「介護が先」にくる例は、めずらしいことではありません。2018年の調査では、30代ダブルケアラーの約2割が、そうであることがわかりました。これは、40代や50代と比べても高い数字です（図1）。

ダブルケアが人生にもたらす小さくない影響

こうして「突然」はじまるダブルケアによって、生活には多くの変化が生じます。どういう影響をもたらすのでしょうか。

例えば、30代で義理母の介護がはじまり、二人目の子どもをあきらめざるをえなくなったというケースです。

Nさん（30代女性、介護離職したのち専業主婦、子ども5歳）

図１　育児と介護どちらが先にはじまったか

30代のダブルケアラーの約２割が介護先行型になっている。

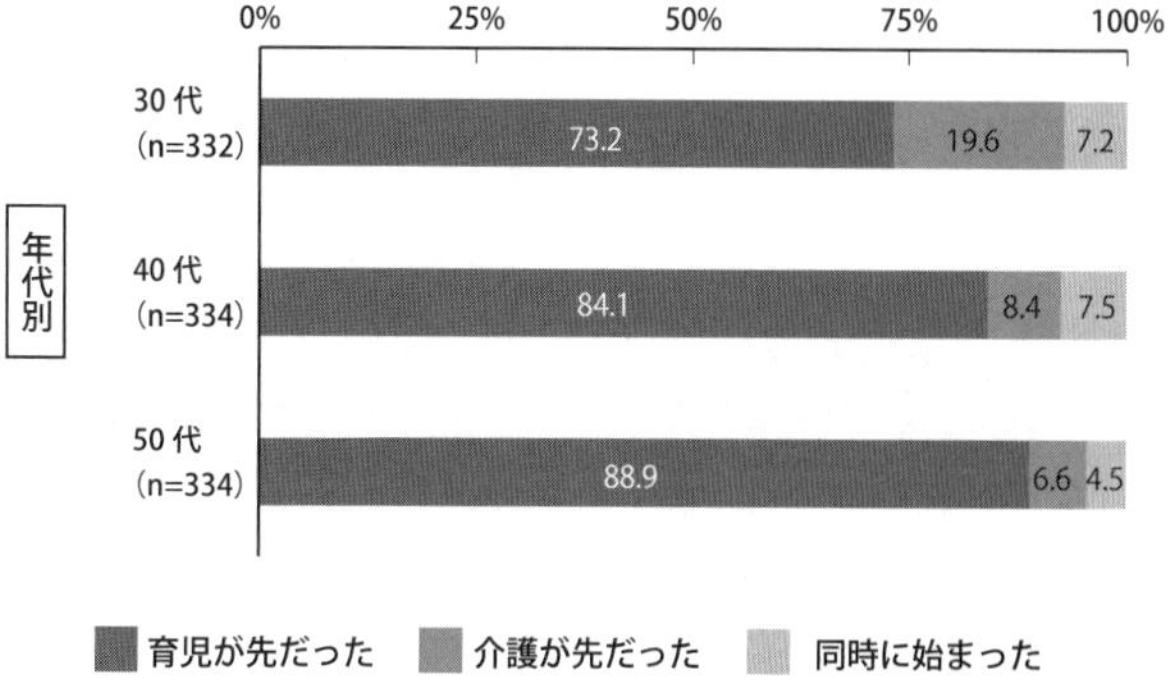

※出典：第８ステージダブルケア実態調査―ソニー生命連携調査―（2018）

昨年5月に、くも膜下出血により義理母の介護が必要になりました。私は仕事を辞めて、介護と4歳になる娘の子育てがはじまりました。二人目を希望していましたが、あまりのしんどさにもう一人産む気になれず、あきらめざるをえません。義理母がこんなことにならなければ、今ごろは別の生活を送っていたのかなぁとついつい思ってしまいます。

Nさんの事例からは、ダブルケアが子どもを産むかどうかの決断とつながっていることがわかります。

また、ダブルケアは女性だけの問題ではなく、男性の問題でもあります。2017年8月にNHKの「ハートネットTV」でダブルケア特集が放送されたときには、男性の方からの反響も多く寄せられました。ここでは、長期介護に子育てが重なった方の声をご紹介します。

Yさん（40代男性、飲食業、子ども5歳）

ダブルケアのことは、職場では理解してもらえません。休みは不定期、母は23年前に他界し、その後、父の介護を20年しています。5歳の子どもは主に妻が見ていますが、介護は自分がしています。朝はポータブルトイレの掃除からはじまります。経済的にも厳しく、将来が不安です。毎日息子と妻が笑顔でいることだけが心の支えです。

次は、パーキンソン病の実母（70歳）を介護している、ひとりっ子の女性の声です。

Hさん（30代女性、職業未回答、子ども1歳半）

私はひとりっ子で、父も他界していたので、頼れる身内がいませんでした。結婚をして一度家を出ましたが、妊娠中に母と同居しました。そのときには、母はパーキンソン病で、自分で食事をつくることも難しくなっていました。出産後、母の病状はさらに進み、トイレの介助や衣服の着脱など、身のまわりの世話も必要になり、ダブルケアがはじまりました。やがて認知機能にも影響が出はじめ、深夜に出かけようとするなど、目を離せなくなりました。母が別人になっていくこと、自分が子育ても介護も中途半端になってしまうことがつらかったです。

行政の窓口は介護と育児は別々です。手間も時間もかかり、幼い子どもを連れて、書類や手続きをするだけでも一苦労です。

介護費用は月に十数万、ローンや子どもにかかる費用など、共働きでも家計は赤字です。仕事を辞めて在宅で介護することも考えましたが、経済的にも、私が働かなくてはまわりません。ダブルケアは、精神的、肉体的、経済的な負担がかなり多く、今後介護費用をどうまかなっていくか、悩みはつきません。

このように、ダブルケアは、家族計画や仕事への影響が大きく、また精神的、身体的、経済的な負担が折り重なって、当事者を追いつめてしまうこともあることがわかります。

一口に「介護」というけれど……

「介護をする」というと、皆さん、どんな行為が頭に浮かぶでしょうか？

国語辞典を引くと、「病人などを介抱し看護すること」と定義されています。これは、そばにいて助けたり、世話をしたりすることを意味します。このように、身体的接触をともなう「世話」が、介護という行為の中心として考えられているようです。こうした介護のとらえ方は、「入浴、排泄、食事等の介護」といった、介護保険法の定義にも見られます。

しかし、身体的接触をともなう「世話」をしていなくても、近居、あるいは遠距離に暮らしながら、自分が主に介護をしている、ととらえている方も多くいます。たとえば次にご紹介するＩさんは、父親の主たる介護者は母親だったものの、定期的に愚痴を聞く、買い物をする、手続きをするという形で、母親を支えてきました。

Ｉさん（40代女性、フリーランス、子ども20歳、12歳）

過去10年間、実の両親の介護に関わってきました。父親の認知症がはじまり、母親が主に介護をしていましたが、情報収集や書類の手続きが苦手な母親に代わって、介護申請、ケアマネジャーとのやりとり、成年後見人の申し立て手続き、施設入所手続き、実家の売却と引越しなどを代行してきました。自宅から実家までは車で片道1時間程度です。実家に定期的に通うようになったとき、子どもは10歳と2歳でした。フリーランスで仕事をしており、下の子は保育所に通っていましたが、迎えに間に合わないときは近所の友人や、上の子にお迎えを頼むこともありました。また、母親から毎日のように電話があり、父親の状況や生活の不満を聞きました。父親は、「散歩」に頻繁に出ていってしまって、朝6時でも夜でも行ってしまうから、止めに来てほしいという電話が母親からかかってきました。父親はその後グループホームに入り、4年前に癌《がん》で亡くなりました。

父の他界から1年後、母親にパーキンソン病のような症状が出て、歩くことや物を持つことが難しくなり、往復2時間かけて買い物を届けたり、日常を助けたりするようになりました。10年間、母親を訪ねて月に数回、実家との往復が続きました。その母も特別養護老人ホームに入りました。

とくに大変だったのは、父親がグループホームに入るころです。疲れがピークに達して食事がとれなくなったり、過呼吸になったりしていました。あまりに大変で、そのころのことはあまり思い出さないようにしています。

このように、介護といってもさまざまな関わり方があることがわかります。

私たちのインタビューに応えてくれた方たちは、次のような体験も、「介護」のエピソードとして聞かせてくれました。


「オンラインで買い物を定期的にして実家に送っている」

「通院の予約をとり、一緒に行く」

「週に1回実家に行って、掃除をしている」

「1日3回電話をして、父親の様子を確認している」

「電話で父親の介護をする母親の愚痴を聞いている」


このような行為も介護と考えると、もしかしたら、より多くの人が「自分もダブルケアラーである」と思い当たるかもしれません。

介護に関わる濃度と頻度はさまざまです。日常的には介護をしていなくても、親の生活が成り立つように、ケアマネジャーやヘルパーと連絡をとりあっているという声も聞きました。
こういった関わり方は、介護保険法が施行されたことによって生まれた「介護マネジメント」とでも呼ぶべき、新しい形の介護労働だといえます。
介護マネジメントとは、ケアマネジャーやヘルパー、地域包括支援員、あるいは主治医など、ケアを担う専門家と連携をとりながら、親の生活を支えていくことです。そもそも、介護サービスがどうやったら使えるのかを調べたり、実際にサービスを受けるための申請をしたり、ケアマネジャーを見つけるところから、介護マネジメントははじまります。そして、施設への入所が必要となれば、施設を探し、申し込み、入所した際には、施設に通い、必要なものを届けたりします。すべて「介護」の一部です。

介護保険法の施行によって、同居や近居でなくても、介護マネジメントという形で、親の介護に関わるケースが増えています。さらにいえば、遠距離でも親や義理親の介護に関わることが可能になり、より多くの方が「自分は介護している」と認識するようになったといえます。

遠距離介護をしている次の方の例を見てみましょう。

Ｅさん（那覇市および横浜市、30代半ば女性、パート勤務、子ども２歳）

30代半ばで、２歳の女の子がいます。夫の転勤にともない、沖縄に住みはじめました。父親は癌の手術のあと認知症が進行し、寝たきりになり要介護５、母親は要支援ですが、身体が弱く、一日の大半を横になって過ごしています。

介護している事情を話して美容関係の仕事を休み、２、３か月に一度、１週間ほど横浜の実家に滞在し、両親の生活をサポートしてきました。

父親が癌の手術で入院した後、母親も疲れが出たのか、１週間後に入院。母親の入院を知らせる電話がケアマネジャーさんから入ったため、とりあえず実家にかけつけましたが、父親の施設探しや母親の退院の援助など時間がかかると予測し、一度沖縄に帰りました。そして娘の保育所の退所手続きをし、自分も休職届を出して、荷物を実家に送り、３か月前後のつもりで実家に戻ってきました。滞在中に、父親の施設選び、病院から施設への移動、母親の生活のサポート体制を調整する予定です。２歳の娘が、保育園にやっと慣れたところで退園してしまったので、お友達と遊ぶこともあまりできず、精神的に不安定になっているのが心配です。さまざまな手続きのための役所まわりや、施設見学も、すべて子どもを連れていかなくてはならず、話に集中できないこともあって大変です。

このように、介護保険法の施行によって遠距離での介護が可能になったとはいっても、介護の度合いによっては、近居や同居でなければ支えられないケースも多々あり、子育ても同時進行している場合はなおさら、その負担は非常に大きくなります。

かたときも気を抜けないしんどさ

ダブルケアの難しさは、なんといっても、異なるタイプの要求に同時に応えなければいけないところにあります。それは、複数の人を見守りながら、日常生活をまわしていくことであり、相手の状況に応じて、かたときも気を抜くことなく臨機応変に対応しつづけなければいけない、という難しさです。

たとえば、次のような具合です。

「糖尿病で軽い認知症もあり、車椅子を利用している母親と、ベビーカーに乗る幼児、それに赤ちゃんの3人を連れての外出がとても難しくて、公園にもなかなか行けない」

「自分がトイレに行っている間に、認知症の母親が、泣きだした4か月の赤ん坊に、よかれと思って自分の薬をスプーンであげようとしていた。幸い赤ん坊が口を閉じて食べなかったけれど、口に入っていたらと思うと、トイレに行くタイミングを見つけるのも大変」

「義理の両親と同居しています。認知症の義理父の介護を義理母と一緒におこないながら、2人目、3人目を出産。3人目の妊娠中に、義理母が転倒骨折して入院。乳児の世話をしながら義理父も見なければならず、いっぱいいっぱいでした。義理父の見守りでは、予測がつかないできごともありました。夜、子どもを寝かしつけている間に義理父が家の外に出てしまいましたが、子どもを家に置いたまま後を追うわけにもいきません。すぐに主人に電話しましたが、帰ってきてくれるまで義理父に何もないことを願いながら、待機することしかできませんでした」

「夜、赤ん坊が寝たと思ったら、認知症の母親が起きだしてきて話をしだすので落ちつかせ、母親が眠ったと思ったら、今度は赤ん坊が起きて授乳する、というくり返しで、いつも睡眠不足です」

このように、子育てと介護を同時に担うというのは、どんなに気力と体力がある人でも、一人で乗りきるのはあきらかに無理があるような厳しい局面の連続です。社会的な問題意識の共有と、制度の整備が必要です。

「ケア労働」とは食事や排泄の世話だけではない

経済学者ヒメルヴァイト（Himmelweit）は、ケア労働には二つの局面があると論じています。

一つは、世話をすること（Caring for）、もう一つは気にかけること（Caring about）です。つまり、「ケア労働」とは食事や排泄、入浴や着替えといった、身体的な世話を指すだけでなく、相手の存在を気にかけたり、相手の様子に配慮したりすることも含まれるというのです。

身体的な世話をするわけではないけれども、危険がないか気を配ったり、話し相手になったり（あやしたり）、そばにいて時間を過ごすことも、ケア労働に含まれるということです。

ケア労働をこのようにとらえると、ダブルケアの複雑さがより浮き彫りになってくるように思います。つまり、ダブルケアとは、おむつを替えながら、その横で食事をとる親に気を配ったり、泣く子どもをあやしながら、記憶障害の親の話に耳をかたむけるといったことなのです。

これは、同居している人に限った話ではありません。親の生活を支えるために実家に戻ったり、遠距離から電話をかけて安否を確かめたり、生活必需品を買って送ったり、ケアマネジャーなどの福祉専門家と連絡をとったりしながら子育てをしているといった方々も、すべてダブルケアラーと考えることができます。

ダブルケアをおこなっている方は、日々、子育てと介護のどちらを優先させるかの決断に迫られています。泣く子どもをあやすのか、不安になっている親の話に耳をかたむけるのか。どちらに先に食事を出すのか。お風呂の順番はどうするか。健診か、通院か。「散歩」に出てしまった親を探しに行くのか、家で子どもと待っているのか。週末を子どもと過ごすのか、親のところに行って掃除や食料の買い出しを手伝うのか。

ダブルケアをする人の多くが、どちらかを優先しながら、選ばなかった一方に対して「十分に世話をできなかった」と悔やむ気持ちを抱えています。

ダブルケアしている人ってどれくらいいるの?

では現在、ダブルケアラーの方は全国にどのくらいいるのでしょうか?

それを調べるにはまず、ダブルケアを構成する「介護」と「育児」の定義を明確にする必要があります。

「介護」については、国の「就業構造基本調査」に次のような記述があります。

介護とは、日常生活における入浴・着替え・トイレ・移動・食事などの際に、何らかの手助けをすること。ふだん介護しているか決められない場合は、1年間に30日以上介護している場合を「介護をしている」とみなす。

これを読むと、国の調査では身体的介護を中心にとらえた定義になっていることが、あらためてわかります。また、頻度については1か月あたり約2・5回以上おこなっている状態が「介護をしている」とみなされるようです。

しかし私たちは、この定義ではダブルケアの実態をとらえることができないと考えました。なぜなら、すでにご紹介したように、現代の介護はもっと多様化しているからです。

たとえば、「仕事と介護の両立に関する労働者アンケート調査」によれば、正社員として働きながら介護をしている人の介護内容では、買い物やゴミ出し、通院の送迎や外出の手助け、定期的な声かけ（見守り）の割合が高くなっています。排泄や入浴等の身体的介護にたずさわっている家族介護者の割合はむしろ低いことがわかります（図2）。

ですので、私たちは、先に紹介した経済学者ヒメルヴァイトの、気にかけること（Caring about）も「介護」ととらえて、ダブルケアの調査を進めることにしました。

次に「育児」の定義です。私たちの調査では、最初、物理的に手のかかる小学生以下の子育てを「育児」と考えていました。しかし、小学校高学年以降は、精神的なケアの比重が高まります。また高校生や大学生になると、経済的な子育て負担が高まります。よって、調査の回を追うごとに、「育児」に含まれる子どもの年齢を高くしていき、最終的には大学生までの子育てを含んだ実態調査を重ねました。

このように「介護」と「育児」を定義したうえで、私たちがまず調査したのは、当時（２０１２年）のアラフォー（40歳前後）、いわゆる団塊ジュニア女性のダブルケアの実態です。

こうして２０１２年度からはじめた調査からは、６歳未満の末子のいる女性（１８９４人の回答）で、「ダブルケアに『直面中』または『過去に経験』がある」が各約１割、「数年先に直面する」が約２割で、合計約４割がダブルケア人口であることがわかりました。

この数字は、私たちが予想していた以上の人がダブルケア当事者である可能性を示していました。「可能性」と表現したのは、このデータは厳密にいえば、現実を正確に反映しているとは限らないからです。なぜなら、このデータは私たちが協力を得る

図2　働きながら介護をしている人の介護内容

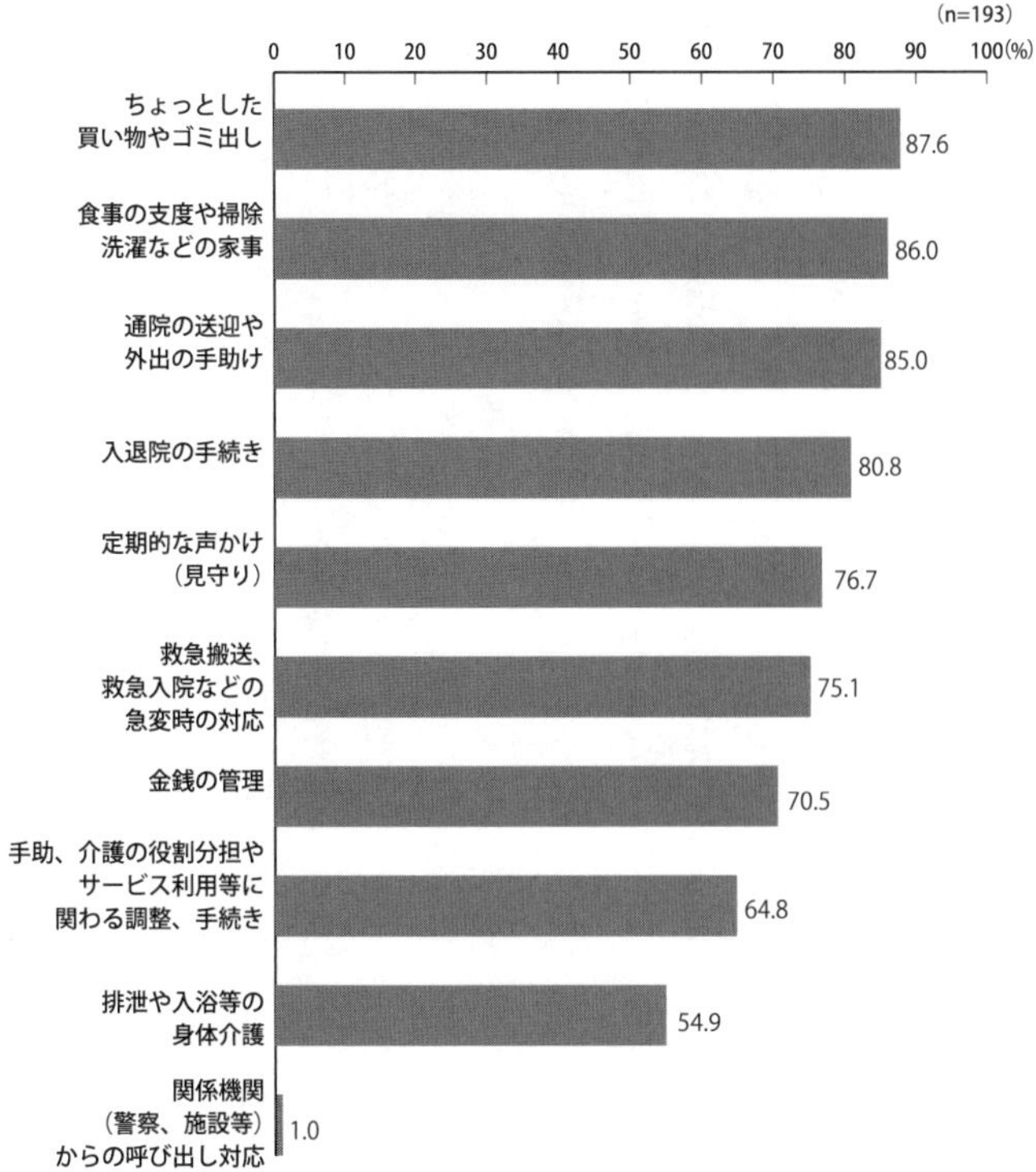

注：「介護を必要とする父母が１人」で「１人の父母を介護している」回答者のみを対象として集計している
各担い手の割合は、「行われている介護」を100として算出したもの

出典：三菱UFJリサーチ＆コンサルティング株式会社「仕事と介護の両立に関する労働者アンケート調査」
（平成24年度厚生労働省委託調査）

ことのできた機関や団体での調査をもとにしているためです。

調査に興味をもってくれた、協力してくれたというところから、もともとダブルケアの問題が身近な人の割合や、ダブルケアの経験率が高かったのではないかと推測できます。つまり「調査の回答者（サンプル）に、偏り（バイアス）がある」、そして「どのくらい一般性のあることなのか」という課題が残りました。

しかし、この数字は、これまでダブルケアを紹介する記事で多く引用されてきました（朝日新聞、東京新聞、神奈川新聞、AERAなど）。

年代別、地域別、性別に見るダブルケア

より現実に即したデータを得るため、私たちは2015年、2017年、2018年に、ソニー生命と連携して「無作為」に回答者を選んだ調査をおこないました。

2015年調査では、「数年先にダブルケアに直面する」と考えている予備軍も含めると、30代で27・1％と、4人に1人がダブルケアを身近な問題と感じていることがわかりました。また50代を見ると、5人に1人以上が、ダブルケアを経験中、あるいは経験していることがわかりました。

また、2017年調査からは、地域別の興味深い特徴がわかりました。

まず日本全体では、「ダブルケアを経験した人」（「直面中」と「過去に経験」の合計）は6・5％、「ダブルケアが自分事の問題である人」（「経験」と「数年先に直面」の合計）は13・5％になりました。両方を合わせると、5人に1人（20％）がダブルケア経験者か、ダブルケアが自分事の人ということになります。

地域別に「ダブルケアを経験した人」の割合を見ると、九州・沖縄がもっとも高く、9・7％と約1割、また「ダブルケアが自分事の問題である人」は、九州・沖縄が17・0％にのぼりました。

また、関東では男性のダブルケア意識が高いという特徴が見えてきました。「ダブルケアを経験した人」（男性 9・4％、女性 4・0％）、「ダブルケアが自分事の問題である人」（男性 16・1％、女性 10・7％）というように、それぞれ男性の割合のほうが高くなっていたのです。

近畿でも、「ダブルケアが自分事の問題である人」は男性が16・6％と1割半にのぼりました。ダブルケアは女性だけでなく、男性の問題でもあることがうかがえます。

最新の2018年調査を重ねて見てみましょう（図3）。

全回答者（1万7049名）に自身のダブルケアの状況について聞いたところ、「現在ダブルケアに直面中」が12・3％、「過去にダブルケアを経験」が12・8％、「現在直面中で、過去にも経験がある」が4・0％で、ダブルケアに直面している人は16・3％、ダブルケアを経験したことがある人は29・1％でした。

また、経験率に「数年先にダブルケアに直面する」（7・5％）を加えた、「ダブルケアが自分事の問題」という人の割合は36・6％になりました。

性別で見ると、ダブルケアの経験率は、男女とも年齢が上がるにつれ高くなり、50代男性では33・1％、50代女性では41・1％でした。

40歳以上の約半数にとって「身近な問題」

ダブルケアを経験していなくても、ダブルケアは多くの人にとって身近な問題となっているようです。

40歳以上の男女を対象に、ダブルケアが「身近な問題」かをたずねた厚生労働省の委託調査によれば、45・4％と約半数の人が「身近な問題」としてとらえていること

図３　ダブルケアの状況（2018）

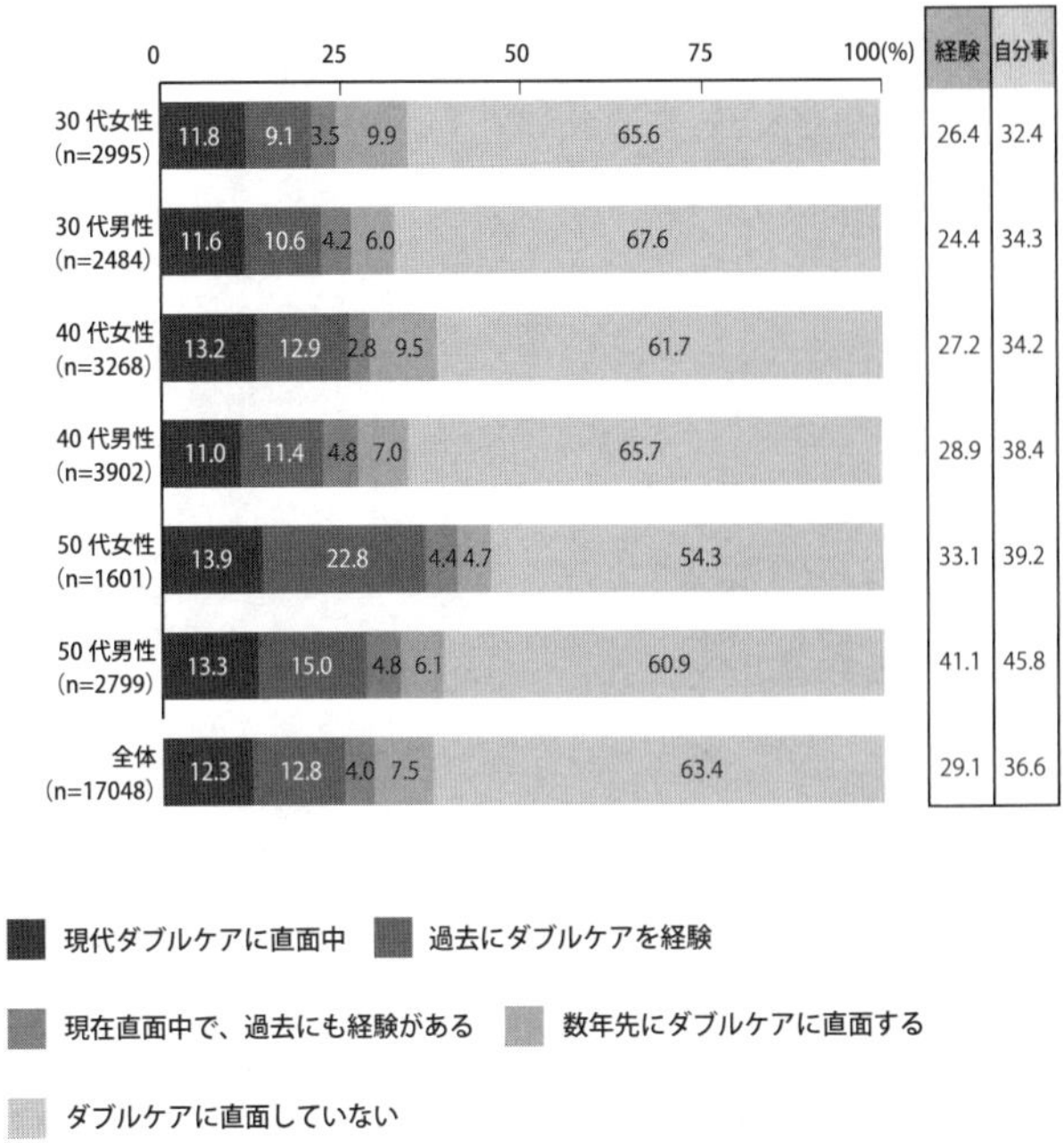

出典：第８ステージダブルケア実態調査―ソニー生命連携調査―（2018）

があきらかになっています。「わからない」と答えた人も約2割いることがわかります（図4）。

私たちが研究をはじめる2012年以前は、「ダブルケア」という言葉が使われていなかったことを考えると、概念の認知度もだいぶ上がってきました。ダブルケアの経験者の4割が「ダブルケア」という言葉を聞いたことがあると回答しています（図5）。一方で、ダブルケア未経験者でこの言葉を知っている人は、まだ1割未満で、認知度にギャップがあることがわかります。

厳しいワークライフバランス

では、どのような人がダブルケアラーなのか、私たちが実施してきた調査データから、くわしく見てみましょう。

ダブルケアに直面している人の平均年齢は41・1歳です。第1子の平均年齢が7・7歳であることから、30代半ばで出産したあと、ダブルケアがはじまった人が多いことを示しています。

また過去にダブルケアをしたという人の平均年齢は42・75歳、第1子の平均年齢が10・36歳となっています。これは、子どもが小学校高学年になる前に、つまり子どもが幼少期で、本人が30代であった時期にダブルケアをすでに経験しているということになります（第1ステージダブルケア実態調査〈2012〉および第7ステージダブルケア実態調査―ソニー生命連携調査―〈2017〉より）。

ダブルケアをしている人たちは、仕事はどうしているのでしょうか。これについても、内訳を見ていきたいと思います。

私たちの最新の調査では、ダブルケアに「現在直面中」の女性の就業状況を見ると、正社員は25・6％、パート・アルバイトは28・6％、専業主婦が37・8％と、約6割の人が仕事もしています（図6）。

昨今、仕事と家庭の両立をうたった「ワークライフバランス」が政策上の重要課題にもなっていますが、ダブルケアラーたちは、ダブルケアと仕事という、より厳しいワークライフバランスに挑んでいることがわかります。

2016年内閣府のダブルケア実態調査によれば、ダブルケアが理由で業務量や労働時間を減らした人は、女性が21・2％、男性が16・1％に上ります。また、ダブル

図４　ダブルケアは身近な問題か

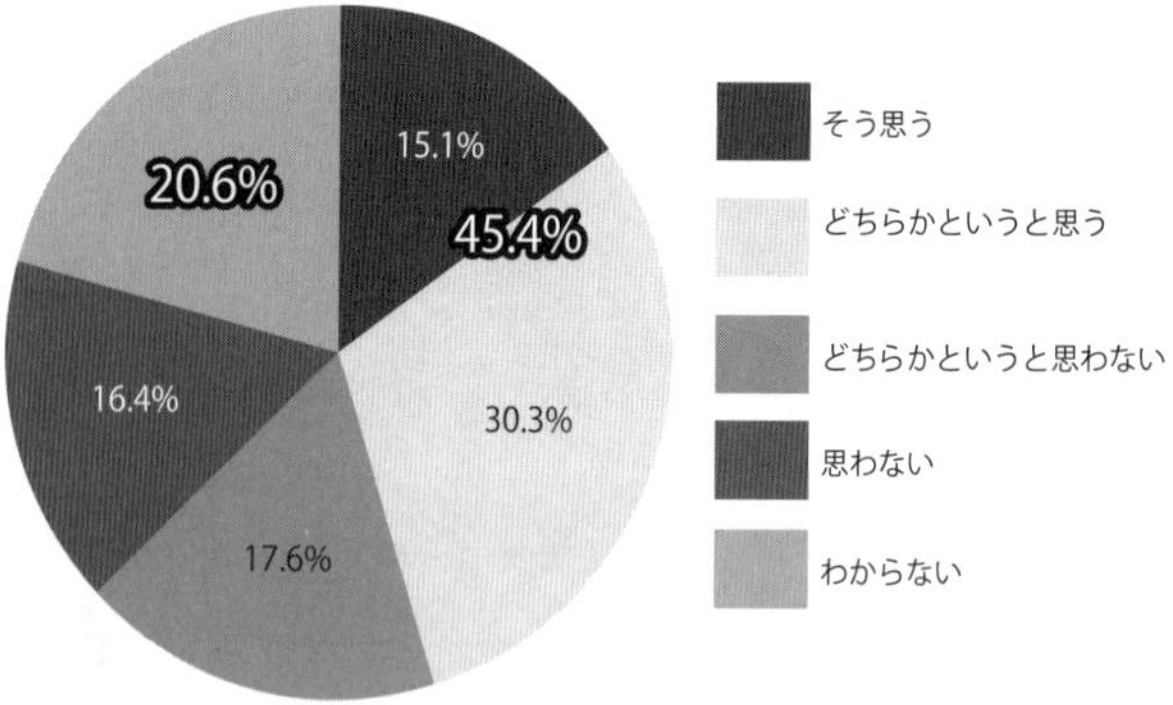

厚生労働省政策統括官付政策評価官室委託「高齢社会に関する意識調査」（2016 年）
1.「『ダブルケア』の問題（※）はあなたにとって身近な問題だと思うか」との質問に対する回答の割合
※晩婚化と出産年齢の高齢化により、育児と介護に同時に携わる際の負担等の問題
2.調査対象は、全国の 40 歳以上の男女。回答数は 3,000 人

出典：厚生労働省政策統括官付政策評価官室委託「高齢社会に関する意識調査」（2016）

図5　「ダブルケア」という言葉を知っているか

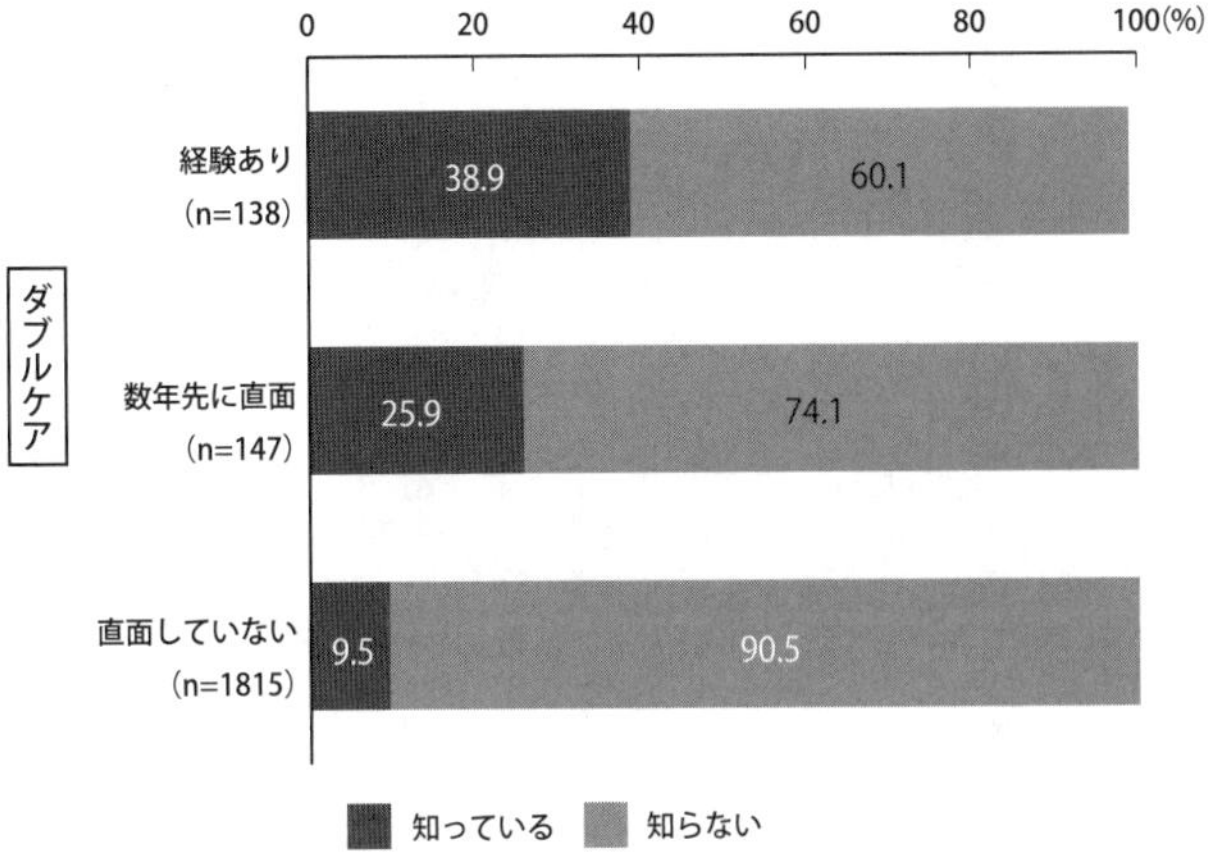

＊出典：第7ステージダブルケア実態調査―ソニー生命連携調査―（2017）

ケアに直面中で「無業」の人のうち、６割は就職を希望しています。

そして、「第７ステージダブルケア実態調査―ソニー生命連携調査―（２０１７）」でも、介護や育児を理由に仕事を辞めたことがあるかをたずねたところ、ダブルケア経験者の男性の約25％、女性の約38％が、介護や育児を理由に仕事を辞めていることがわかりました。

では、仕事とダブルケア、いったい何を優先すべきかという問題についてはどうでしょうか。図７からは、子育て・介護・仕事をバランスよく生活したいと考える人が全体の４割と、もっとも高いことがわかります。また、ダブルケアのなかでも、とくに子育てを優先したいと考える人が多いことがわかりました。

日本では実質所得の減少傾向が続いていることから、経済的な理由から共働き家庭が増えていると考えられます。また、日本の社会ではひとり親世帯向けの福祉が不足しているので、ひとり親家庭では就業しても生活が苦しいのが現状です。

このような状況を考えると、ダブルケアと仕事の「両立層」は、今後さらに増加することが予測できます。ダブルケアをしながら就業する人たちをどう支えるかは、日

図６　ダブルケアと仕事の状況

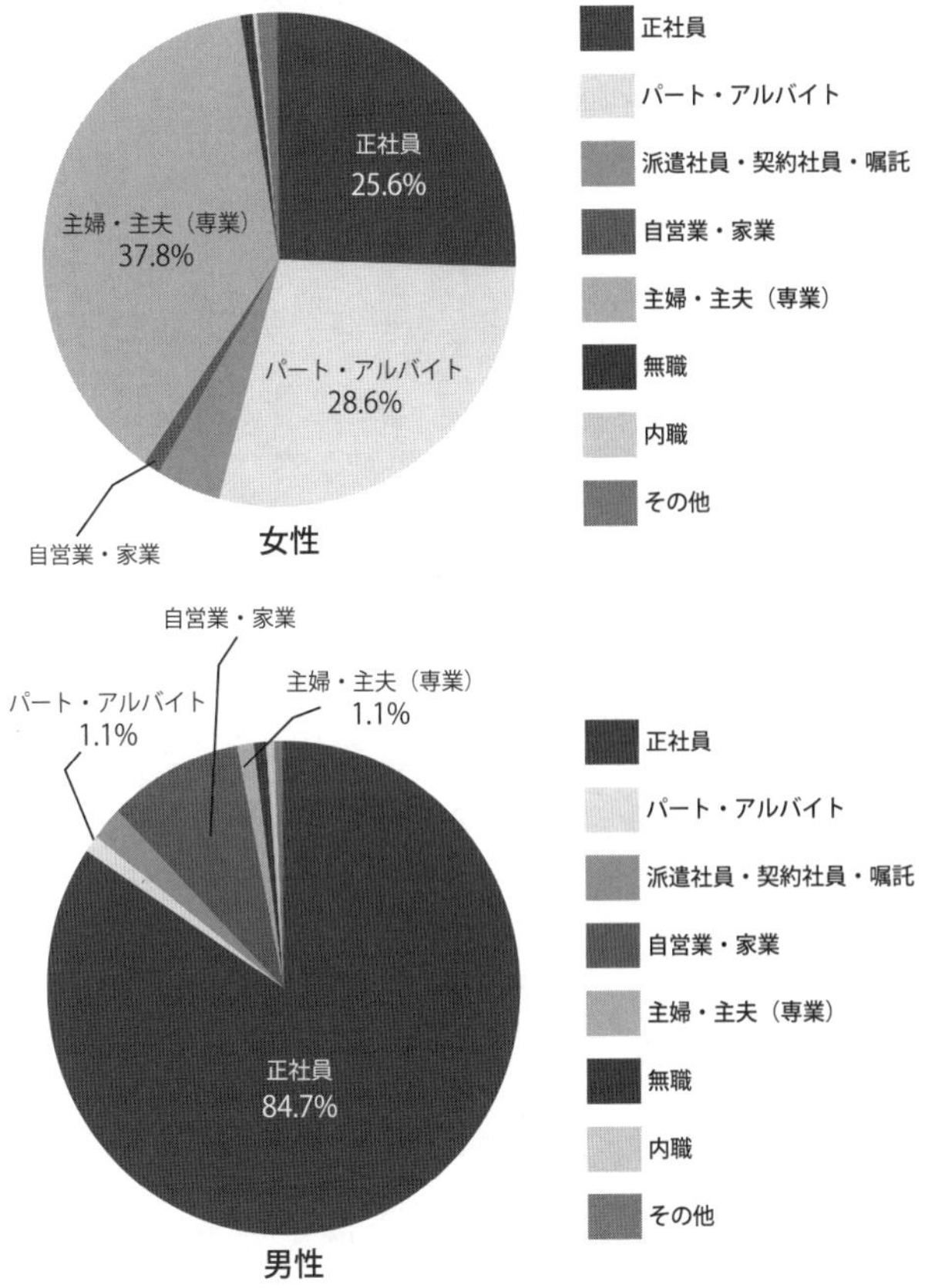

＊出典：第８ステージダブルケア実態調査―ソニー生命連携調査―（2018）

本社会の大きな課題といえます。

次に、ダブルケアラーの負担が具体的にはどういったものなのか、くわしく見てみましょう。

図8にあるように、ダブルケア経験者は、ダブルケアに負担を感じています。その内容として、当てはまるものすべてを選んでもらった結果、「精神的にしんどい」が女性では53・1%、男性では42・0%、「体力的にしんどい」が女性では44・7%、男性では38・1%が回答しています。体力、気力に加えて、経済的な負担も女性では38・2%、男性では34・9%が負担と感じています。そして、子育てあるいは介護が十分にできないこと、「仕事との両立」、「遠距離の世話」があげられています。このように、「負担」と一口にいっても、複合的な負担を同時にいくつも感じていることがわかります。

では、複合的な負担を抱えるダブルケアラーを支える人はいるのでしょうか？

「ダブルケアで大変なときに支えてくれた人は誰ですか」という質問で、ダブルケア

図7　ダブルケアと仕事の優先順位

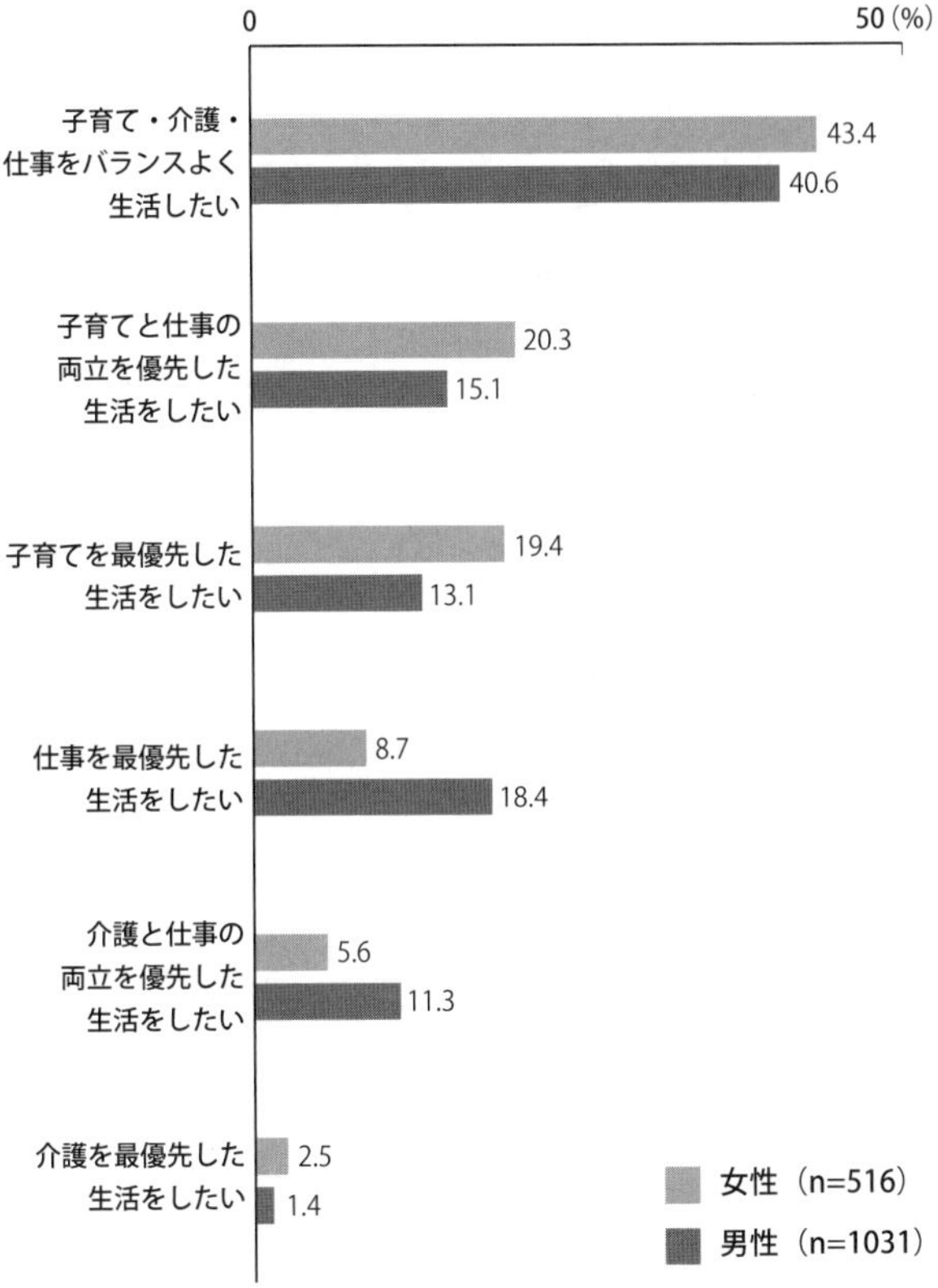

＊出典：第7ステージダブルケア実態調査―ソニー生命連携調査―（2017）

直面中の方は「配偶者」が男性74・7％、女性54・6％でトップ、次に「子ども」が女性36・6％、男性26・7％、「親・義理の親」が男女の差がほとんどなく17％と、家族関係がまず続きます（図9）。

さらにインタビュー調査からは、「夫」の支えの内容は「話を聞いてくれる」「自分の親を介護しているのを認めてくれる」といったことで、物理的に介護や子育てを分担する、手伝うということを必ずしも意味しないことがわかりました。支えてくれたのは「子ども」と回答している人も、子どもが介護を手伝ってくれるというよりは（そのようなケースもありますが）、「子どもの存在が精神的な支えになる」ということが含まれています。

介護や育児の専門家のなかでは、ケアマネジャー、ヘルパー、介護施設職員と、介護分野の専門家の割合が高くなります。子育て系の支援者よりも、介護系の支援者が支えになっていることがわかります。

とくに、「ケアマネジャーに話をしてはじめて、自分が困っていることに気づいた」「ケアマネジャーに勧められて、地域包括支援センターに相談に行った」など、ケアマネジャーに支えてもらったと感じている人が多くいます。これは、ケアマネジャー

図8　ダブルケアの負担感

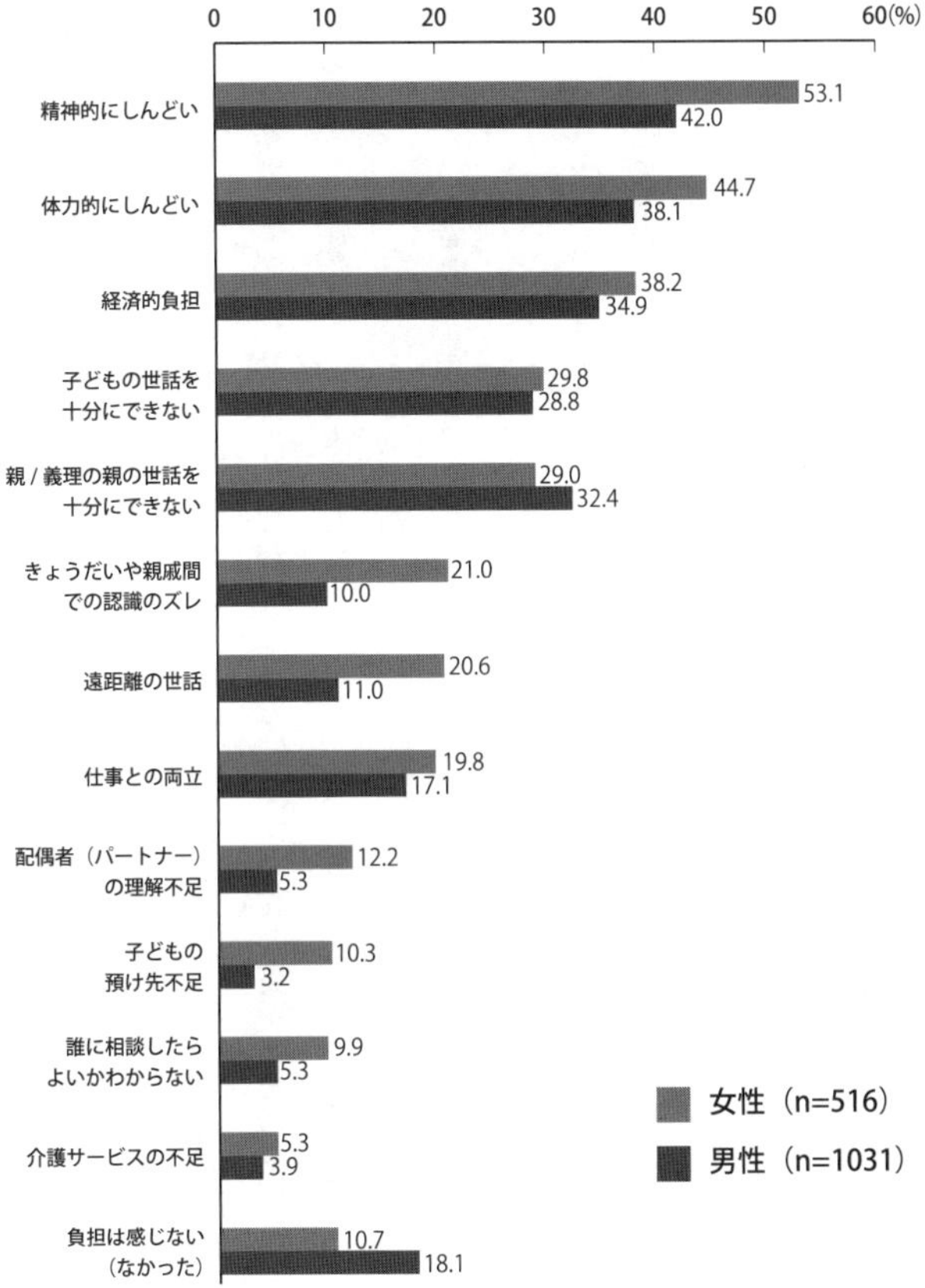

＊出典：第8ステージダブルケア実態調査―ソニー生命連携調査―（2018）

が家庭を訪問して、支援の対象である高齢者にどのようなサービスが必要かを、家族の状況も見ながら探っていくため、家族のなかにある他のニーズも「あきらかにする」役割を果たしているためでしょう。

家族が必要としている支援を判断したり、調整したりするのは、以前はケアマネジャーの職務ではありませんでしたが、近年では家族介護者支援も、地域包括支援センターの重要な課題となってきました。しかし、常に多くのケースを抱えている個々のケアマネジャーの力量と善意に頼りすぎるのは無理があります。そういった面からも、ダブルケアを支えるには、制度的な改革が必要だといえます。

また、「支えてくれた人はいない（いなかった）」と答えた人が女性では21・0％、男性では14・2％存在することも、忘れてはならないでしょう。

本章で示した課題への対応についてはとくに第4章、5章で深く考えていきたいと思います。

図9　誰に支えられたか

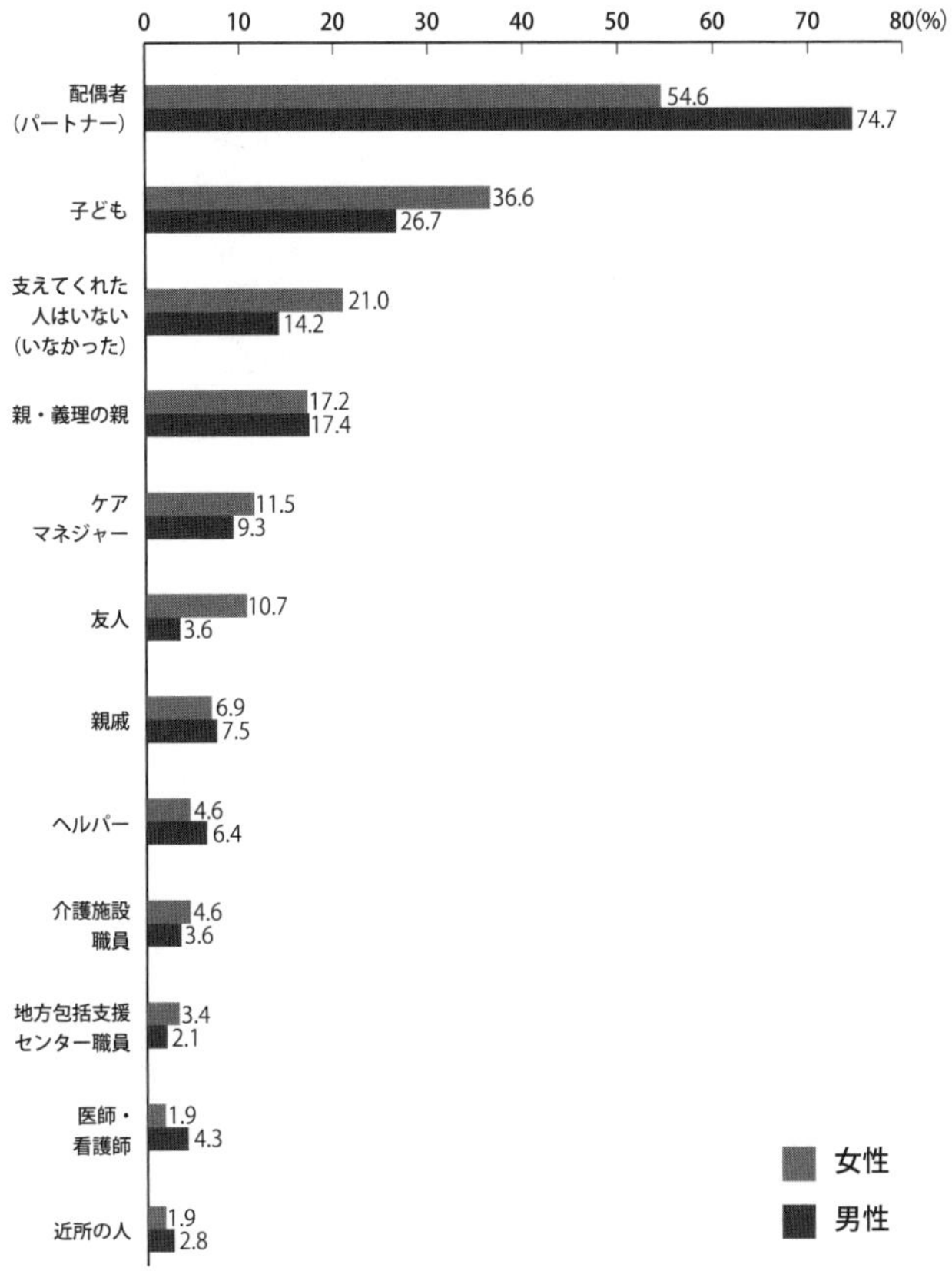

＊出典：第８ステージダブルケア実態調査─ソニー生命連携調査─（2018）

第2章　ダブルケアをとりまく「文学」と「制度」

介護文学からダブルケア文学へ

前章では、ダブルケアとは何か、なぜ今問題になってきたのかについて、お話をしてきました。また、介護保険法の施行によって、さまざまな形で介護に関わることが可能になり、逆説的に介護に関わる人の割合が増えていくかもしれないということにも言及しました。

こういった介護への関わり方の変化は、介護を題材とした介護文学にも表れています。この章では、その変遷を追いながら、介護を軸とした家族関係の変化をたどっていき、ダブルケアの視点から介護文学作品を読み解いてみたいと思います。

文学は、それが書かれた時代の影響を受けており、時代の文脈と切り離すことができません。いいかえれば、介護を題材とする文学は、その時代の介護の状況を理解する助けになるということです。ちなみに、「介護文学」および「ダブルケア文学」というのは確立したジャンルではなく、介護、あるいはダブルケアを題材とした作品という意味で用いています。

社会学者の上野千鶴子さんは、介護保険法施行の年、2000年に「老人介護文学の誕生」という論文を出版しています（『上野千鶴子が文学を社会学する』所収、原題は「『恍惚の人』と『黄落』の間」1998年）。

そのなかで上野さんは、日本には老人文学の伝統があるが、老人介護文学も誕生しているとし、有吉佐和子さんの『恍惚の人』と佐江衆一さんの『黄落』を比較分析しています。

また日本文学者の米村みゆきさんと佐々木亜紀子さんが編者である『〈介護小説〉の風景―高齢社会と文学〈増補版〉』（2015年）では、戦後から現代の小説に登場する高齢者介護と介護者に焦点が当てられ、介護の描かれ方についての論考が集められています。

嫁介護――介護サービスの黎明期

この章で取り上げる小説は、掲載順に『恍惚の人』（有吉佐和子作、新潮社刊、1972年）、『黄落』（佐江衆一作、新潮社刊、1995年）、『母の遺産―新聞小説』（水村美苗作、中公文庫刊、2012年）、『シズコさん』（佐野洋子作、新潮社刊、

２００８年)、『ペコロスの母に会いに行く』(岡野雄一作、西日本新聞社刊、２０１２年)、伊藤比呂美さんの『とげ抜き 新巣鴨地蔵縁起』(講談社刊、２００７年)と『父の生きる』(光文社刊、２０１４年)の２冊、そして最後に『ロスト・ケア』(葉真中顕《はまなかあきら》作、光文社刊、２０１３年)です。

介護文学を語るのに、有吉佐和子さんの『恍惚の人』を忘れるわけにはいきません。１９７２年に出版されたこの本は、当時２００万部のベストセラーとなりました。１９７２年の日本の高齢化率は約７％。「介護」という言葉が、はじめて広辞苑に掲載されたのが１９９１年、全国社会福祉協議会が「居宅ねたきり老人実態調査」をおこなったのが１９６８年、同協議会がこれまた全国初の「在宅痴呆性老人の介護実態調査」(原文ママ)をおこなったのが１９８６年であることを見ても、『恍惚の人』の先見性はあきらかです。

介護が社会的な問題として扱われてきた歴史は、まだ浅いのです。

もともと「介護」という用語は、明治以降の福祉分野において、身体に障害をもつ「傷兵」の保護規定などで使用されていたものでした。それが高齢者のケアについて広く日常的に使用されるようになったのは、1970年代以降といわれています。

『恍惚の人』の主たる介護者は、40代の主婦・立花昭子です。80代の義理の父（茂造）を同居介護しています。夫（信利）は商社マンで、昭子も弁護士秘書を職業とする、当時ではめずらしい共働き家族で、大学受験を控えた高校3年生の息子（敏）がいます。介護の期間は、作品の始まりと終わりの季節描写から推測すると1年弱となり、現在の平均介護期間（約4年7か月／生命保険文化センター　平成30年調査）に比べるとかなり短いです。

昭子は日中、離れに住む学生結婚の若いカップルに茂造を預けて、仕事を続けますが、介護サービスは皆無で、相談できるのは認知症に理解を示す主治医のみです。福祉事務所も「隔離なさりたいなら、今のところ一般の精神病院しか収容する施設はないのです」と昭子に助言しているように、介護は家族の役割ということが前提とされていた時代です。

高校生の敏は大学受験を控えており、「勉強の邪魔になってはいけない」と昭子は息子に気を配りますが、家事をする以外は、子育てに苦労する話は出てきません。それどころか、敏は夜にいなくなってしまった茂造を自転車で遠くまで探しに行くなど、ところどころで昭子の手助けもしています。

『恍惚の人』のテーマは、老いと認知症の問題です。1982年に書かれた社会福祉学者の森幹郎さんによる解説には、「本書は寝たきり老人や痴呆の老人がとにもかくにも家庭の中で家族の手によって介護されていた、古き、良き時代の最後の一幕を書き残したものということになるのであろうか」と書いてあります。

くわしくは次の節でお話ししますが、福祉社会学者の武川正吾さんが指摘したように、高齢者介護は「1980年代に出現した新しい社会問題」であり、「家族の介護は元々存在しなかった」のです。そして高齢者介護が社会問題として発見された1980年代には、この解説のように、家族介護が「古き良き時代」のことと「美化」されて回想されることが多くあります。

『恍惚の人』では、子育てと介護の同時進行である「ダブルケア」は出てきません。親が高齢となるころには、子育てはある意味一段落しており、テーマとなっているのは認知症と家族介護の限界、高齢者福祉政策の不足などです。

『恍惚の人』から23年後に出版された『黄落』は、60代間近の夫婦が80代の母を、母の死後は、90代の父を介護する日常を題材とした作品です。

二つの作品の間にある23年の隔たりは、『恍惚の人』と『黄落』の主人公や社会状況の設定を対照的なものにしています。

前者の主人公は、ご紹介したように、同居しながら義理父を介護する嫁で、後者の主人公は、実の両親とスープのさめない距離に近居して、妻を頼りながら介護する息子です。『恍惚の人』では精神科病院への「収容」しかないというほど皆無だった福祉サービスですが、『黄落』の夫婦は、ショートステイ、デイサービス、ヘルパーサービスを利用しています。1990年に策定されたゴールドプラン（高齢者保健福祉推進10ヵ年戦略）によって、介護施設整備だけでなく、「在宅福祉三本柱」と呼ばれた、ホームヘルプサービス、デイサービス、ショートステイというような、高齢者への在宅生活支援が拡大されます。多くの人にとって、介護サービスが身近なサービスとして見えはじめた時期です。

『黄落』の主人公は、60代間近の作家のトモアキです。12年前に両親を地方都市から自分の住む東京郊外へ呼びよせましたが、同居はせず、近居で両親の生活を支えています。支えているといっても、実際には、電話を受けて出向いたり、毎日のように家を往復して介護をしているのは、主婦のかたわら家庭料理教室の講師を務める妻の蕗子です。家族をとりまく社会サービス制度は変わっても、『黄落』と『恍惚の人』で変わらないのは、どちらも嫁が主な介護者であることです。

『黄落』の蕗子は、義理父の、義理母や他の女性との関係を不愉快に感じ、息子である夫に文句や愚痴をいいながら、介護と向きあいます。『黄落』の嫁・蕗子に比べて、戸惑いながらも献身的に介護する『恍惚の人』の昭子は理想的に描かれているように思えます。

『黄落』のトモアキと蕗子夫婦には、二男一女がいます。すでに皆成人しているようですが、3人とも実家に同居しているようです。「ようです」と推測しなくてはならないほど、介護者の子どもの存在が語られず、介護場面にはほとんど登場しないのです。子育ては終了しているので、子育て場面の描写はありません。

子どものことが語られる部分は、自分たちの老後を考えて、「子どもには自分たちのような経験はさせたくない」と二人で同意する場面です。『黄落』で描かれるテーマは、高齢者の性と、介護を通して顕在化する夫婦の関係です。家族のなかに存在するケア関係は、主人公である60代間近の夫婦とその親の介護のみです。

２０００年に介護保険法が施行され、高齢者介護サービスを利用する・できる高齢者は一気に増加しました。介護保険法の主な理念は、高齢者介護の責任を家族のみが背負うのではなく社会全体で背負うというものです。

ある政治家は、このような理念をもつ介護保険法は「子どもが親を介護するという日本の美風に逆らう」ことになると、懸念を表明しました。しかし、介護保険法施行後、5年間で利用者の数は急増し、介護保険制度は多くの人にとって、日常生活を送っていくうえで欠かせないものとなりました。

また、介護保険法施行後の10年で、主な介護者の属性のトップは「嫁」から「娘」へと変わりました。この背景には、介護保険制度の導入と家族関係の変化が相まって、「嫁が介護すべき」という社会通念が弱まり、嫁の介護役割が弱くなったということが関係していると考えられます。

娘・息子による介護——介護保険法以降の介護

『シズコさん』と『母の遺産—新聞小説』は、そんな介護保険法が社会に根づいてから描かれた、娘による母親の介護を題材とした作品です。

『シズコさん』はエッセイ、『母の遺産—新聞小説』は小説とジャンルは違いますが、どちらも娘が母親の介護をし、良好とはいえなかったそれまでの母娘関係に苦しみ、母親を看取ることで母親との確執から抜けだすさまが、実体験にもとづいて描かれています。

『母の遺産—新聞小説』の帯には、「ママ、いつになったら、死んでくれるの?」という センセーショナルな一文が記されており、母親に抑圧された記憶をもつ娘が、奔放な母親に振りまわされ、疲労困ぱいし、恨みつらみを抱えながら介護を続ける葛藤が描かれています。

『シズコさん』では、幼いころから母親を嫌いつづけてきた娘が母を介護し、許され、許し、母親を、そして自分を受け入れる過程が描かれています。

著者である佐野洋子さんは、母親と2年間同居した後、認知症になった母親＝シズコさんを「高級老人ホーム」に入れます。佐野さんはいいます。「私は母を金で捨てたとはっきり認識した。愛の代わりを金で払ったのだ」「ホームから帰るとき、私はいつも落ち込んだ。姥捨山を見学に行ったような気分になった」。そんななか、さらに認知症が進んだ母親に添い寝しながら、突然「ごめんなさい」という言葉が飛びだし、シズコさんも「私のほうこそごめんなさい」と応え、長年の確執が解けていくことを感じ、佐野さんは母を好きではないという自責の念から解放されます。

家族が介護を一人で背負うことは稀《まれ》になった今でも、介護経験は多くの困難と葛藤をもたらすことが、どちらの作品においても描かれています。それは介護が、介護をする側、受ける側のこれまでの人間関係、親子関係と深く結びついた行為だからこそであることが、この二つの作品からわかります。

一方で、母親を介護する息子の体験を描いた『ペコロスの母に会いに行く』では、介護や老いていく母親に対する葛藤が非常に抑えられて表現されていることは、興味深いです。

この作品は、60代前半で離婚歴があり、成人した子どものいる著者の岡野雄一さんと、認知症で施設に暮らす母親との日々をつづったコミックエッセイです。認知症の進む母親の様子や施設での暮らしを、ユーモアと寂しさを交えつつ描いています。

認知症が進むにつれて、苦労をかけさせられた夫や、幼くして原爆で亡くなった娘と、なごやかに「一緒に生きる」日々を過ごす母親を見守るなかで、岡野雄一さんは、認知症になるのは悪いことばかりではないという、母親の言葉を伝えています。


これらの娘介護、息子介護の作品でも、子どものことはあまり語られません。主人公（著者）に子どもがいないか、あるいは、いても成人して独立しているからです。したがって、主な介護者が嫁から、娘および息子となり、家族だけによる介護から、在宅介護サービスや施設介護へと広がったものの、描かれるのは子どもと親の2世代間でのケア関係です。

ダブルケア文学の誕生

さて、ここから、ダブルケアを扱った作品をいくつか紹介しましょう。

伊藤比呂美さんが、2007年に出版した『とげ抜き 新巣鴨地蔵縁起』は母親の介護を、2014年に出版した『父の生きる』は、母親の死から父親の介護、そして看取りまでを描いた、いずれもダブルケア文学です。

50代の著者は、大学生から小学生までの3人の娘を育てながら、アメリカのカリフォルニアと実家の熊本を頻繁に行き来し、両親の、そして父親の生活を支えます。

著者ははじめは2、3か月に一度ぐらいのペースで、飛行機で海を渡って親の様子を見に帰り、食事や買い物といった日常的な世話をしながら、通院や、親が苦手な事務作業などを短期集中でやります。カリフォルニアの自宅からも、実家に毎日のように電話します。父親一人の生活になってからは、月に一、二度のペースで日本に帰り父親に寄り添い、カリフォルニアに戻れば1日3回電話して父親の様子を聞き、孤独になりがちな父親と話をします。ケアマネジャーとメールや電話でやりとりをしたり、テレビの契約や電話の不具合を直したりと、遠距離でも親の毎日の生活を支えます。

この作品がこれまで紹介した作品と異なるのは、主人公である著者が子育ての真っ最中であることです。『恍惚の人』の40代の昭子には大学生の子どもがいましたが、50代の伊藤比呂美さんには、小学生の子どもがいます。

第1章でも言及しましたが、40代の出産はその割合が近年急速に増えています。『とげ抜き 新巣鴨地蔵縁起』と『父の生きる』には、親の介護と子どもの世話、自分の仕事を曲芸のように同時におこなう忙しさと、苛立《いらだ》ちと、後悔と、疲労と、虚しさと、迷いと、安堵《あんど》の日常が描かれています。

心身ともにぼろぼろになりながらも、自分が支えなかったら誰が親を支えるのかと、気力をふりしぼって超遠距離介護をし、生きにくさを抱える大学生の娘をいたわり、10歳の末の子の日常の子育てをする日々が描かれているのです。伊藤さんはいいます。「あゝ怖かった怖かった。私は声に出して言ってみました。あゝ怖かった。怖かった。たらちねの母といえども、生身であります。昔は小さな女の子でありました。怖い時は泣いてました。父や母や夫や王子様に、助けてもらいたいと思っておりました。何べんも助けてもらいました。父にも母にも、夫や王子様にも。でも今はだーれもおりません。父は老いて死にかけです。母も死にかけて寝たきりです。夫や王子様には、もう頼れません。この頃じゃすっかり垂れ乳で、ゆあーんゆよーんと揺すれるほどになりまして、足を踏ん張り、歯を食いしばり、ちっとも怖くないふりをして、苦に、苦に、苦にまた苦に、立ち向かってきたんですけど、あゝあ、ほんとに怖かったのでございます」（『とげ抜き 新巣鴨地蔵縁起』）

たとえばある年の夏、伊藤さんがいちばん末の、当時10歳の子どもを連れて日本で親の介護をしているときに、カリフォルニアの自宅にいる夫が心臓の手術が必要になり、緊急入院することになります。同じ日に、母親に脳梗塞の症状が現れ、子どもを学校の始業式に送り届け、先生に挨拶し、母親を病院に連れていき、子どもが帰宅する前になんとか家に戻り、夫の病室に電話したりと、海を越えてのトリプル（三重）ケアに走りまわります。毎日その都度、優先順位をつけ、親や子どもの生活を整え、家族の話を聞き、ケアをします。

トリプルケアがはじまってから8年後、母親の葬儀をし、その3年後、父親を看取ります。父親が亡くなったあとは、よくやったという周囲の声をよそに、「もっとそばにいてやれた」「なぜ父を捨てたかという、悔いたって仕方のない悔い」を書きつづります。介護をしながら子どもを育て、親を看取ったことは、「自分の成長の完了じゃないか」と伊藤さんはいいます。

そんな「自分の成長を完了」した伊藤さんの経験と異なり、突然他者によってダブルケアが終了したことで「救われた」と感じるシングルマザー・羽田洋子を群像劇の登場人物の一人として描いているのは『ロスト・ケア』です。

ある地方都市に住む羽田洋子は、幼い息子を一人で育てながら、母親の世話をします。優しかった母親は、認知症のため不安が強くなり、頻繁に暴力的になります。ある日、母親の介護をしているときに、母親の下の世話が終わるまで待っていてというのに抱きついてきた5歳の息子に、疲労と苛立ちから手を上げてしまい、涙を流しながら呆然とします。

経済的にも、精神的にも、身体的にもギリギリの日常を送るなか、「殺人者」の手によって、母親は突然死にます。『ロスト・ケア』のテーマは、過酷でありながら低賃金で正当に評価されていない介護労働や、介護士らが高齢者や家族の要望に応えたくても応えられない介護保険制度の制限、家族介護の精神的、身体的、経済的重圧といった、介護をとりまく現代的な問題にあり、ダブルケアも家族介護が抱える重圧として登場します。しかしながら、高齢者の命を奪うことで介護負担を軽減することを社会正義と考える「殺人者」の行為は、2016年に起きた相模原事件の先取りのようで衝撃を受けます。

以上のように、介護制度の展開、家族関係の変化にともなって、介護文学のテーマも、嫁介護から娘・息子介護へ、そしてダブルケアへと広がってきました。2世代間の関係性が中心だった介護文学は、近年になって娘と母の役割の重複の視点から3世代にまたがるケアが描かれるようになりました。「ダブルケア文学」には、母であり、娘であるという二つの役割を交差させながら生きる日常が映し出されています。

最近では、『ケアを描く――育児と介護の現代小説』（佐々木亜紀子他編、2019年）が、角田光代さんなどによる現代小説を〈ケア〉の視点から読み解き、〈ケア小説〉という新しい言葉を打ち出しています。その特徴として、ケアをする人やケアを受ける人を描く現代小説であること、家族・家庭という私的領域を舞台としていること、女性の書き手が多いこと、があげられています。同書でも、ダブルケアは近年の課題と指摘されており、本章で取り上げた文学作品も、大きくとらえると〈ケア小説〉、とくに育児と介護が重なりあった〈ダブルケア小説〉であるといえます。

また近年では、ブログやツイッターなどのソーシャルメディアでも、ダブルケアが取り上げられています。「岡崎さんちのダブルケア　父さん&たーくんの日常」は、ライターの岡崎杏里さんによるダブルケア奮闘記です。岡崎さんは23歳から認知症の父親の介護と癌になった母親の看病を担ってきました。一人息子のたーくん（5歳）は、育児の対象であると同時にヤングケアラー（若くして介護を担う人）としても描かれています。岡崎さんとは取材でもお会いしています。当事者目線のエッセーからは多くのことを考えさせられます。

イラストレーター石塚ワカメさんも、ブログやツイッターで、息子（7歳）と娘（2歳）の子育てと実母の介護というダブルケアの切なさや大変さを発信しています。発達に心配のある息子の小学校の付き添いや空手の習い事のサポートに大きなエネルギーを使いながら、特養にいる実母の面会に少ししか行けない罪悪感がつづられています。また、育児ブログ「たまご絵日記」のナナイロペリカンさんもダブルケアラーです。石塚ワカメさんとナナイロペリカンさんはブログ上で「ダブルケア会合」と題して、初対面で一瞬のうちに意気投合、お互いのダブルケアの悩みや大変さを共有している様子を紹介しています。

ツイッターのアカウント名にダブルケアを入れる人やブログもここ数年で増えています。ネットで当事者がつながり、「ダブルケア」のための情報を交換し、実践し、励ましあい、パワーを与えあう。そんな場がネット上に広がってきました。


介護やダブルケアの描かれ方が時代によって異なる背景には、介護と子育てに関する制度の変遷があります。

では、介護や子育て支援制度は、具体的に時代によってどのように変わってきたのでしょうか。これからその変遷を、家族の関わり方の変化とともに見ていきたいと思います。今のダブルケアの課題を考えるうえでも、制度をふりかえって考えることは大切ではないでしょうか。

「昔は家族が介護していた」？

日本の高齢者介護をとりまく制度と支援体制は、この30年で歴史的な変化を遂げてきました。とくに1997年に制定、2000年に施行された介護保険法は大きな転換点となりました。この制度によって、それまで家族がするものと考えられてきた高齢者介護が、社会が負担するもの、すなわち公的な支援が必要なものと定められたのです。

日本の高齢者福祉制度の体系的な整備がはじまったのは、1960年代です。まず国民皆保険制度が1961年に確立します。この保険制度の確立によって、病気や怪我をしたときにすべての国民が医療給付を受けられるようになりました。

それまでの日本は、農業従事者、自営業者、零細企業従業員など、国民の約3分の1の人たちが無保険者で、病院にかかると高額な医療費がかかるため、満足な治療を受けられない状況がありました。

ちなみに戦後5年たった1950年の平均寿命は、女性が61・5歳、男性が58歳で、病気になってから短期間で亡くなるのが一般的でした。

1963年には、老人福祉法が成立。特別養護老人ホームがはじめて設立されたのもこの年です。しかし、特別養護老人ホームに入居できる対象者は限定的で、家族のいない高齢者、あるいは貧困にある高齢者のみでした。

またこの年は、はじめての「寝たきり老人調査」もおこなわれました。この調査によれば、「寝たきり」の高齢者の93・3％が家族による世話を受けており、男性の57％が妻に介護され、女性の54％の主たる介護者が嫁となっています（昭和39年度版厚生白書）。

しかし、この数字を見て「昔は家族が介護をしていた」「本来、介護は家族の仕事なのだ」と考えるのは単純すぎます。たしかに、妻や嫁が介護をしていましたが、1960年代前半までは、介護が必要な状況になったとしても、現在のように介護が長期間に及ぶということが少なかったという事実があるからです。

介護という社会問題の出現

1970年に日本は高齢化社会へと突入しました。高齢化社会とは、65歳以上の人口が全体の7％以上を占める社会を指します。

また1971年には、平均寿命が男女ともに70歳を超えました。高度経済成長によってもたらされた生活水準の向上とともに、1961年に施行された国民皆保険制度が、平均寿命を急速に延ばします。

１９７３年には、老人医療無料化制度が施行され、65歳以上の高齢者の医療費は地方自治体が肩代わりすることで無料化されました。同時に、ほとんど病気ではないけれども、身体や認知の障害をもつ高齢者が、医療的な治療が必要ないのに長期入院する「老人病院」が台頭します。その背景には、平均寿命が延びたことで病気や障害をもつ高齢者が増えたにもかかわらず、高齢者福祉制度が未発達の状態にあったことが関係しています。ほぼ外からの支援がない状態で長期化する高齢者介護を担ってきた家族が、その介護負担を抱えられなくなったときに、高齢者を「託す」場所が老人病院であり、長期入院以外、多くの家族にとって選択肢がなかったためといえます。これが、のちにいわれる「社会的入院」という問題です。


このように、人口の高齢化の急速な進行に制度が追いつかず、１９８０年代には高齢者介護が「社会的入院をどう解決するか」という形で、社会問題化します。

１９５０年代までは男性の平均寿命は50歳代と高くなく、介護が必要となる「リスク」は非常に小さいものでした。ところが、高度経済成長期から急速に平均寿命が延びて介護リスクが高まり、それを社会全体でどう分担するかが問われるようになりました。その背景には、医療技術の進展も大きく関係しています。

前述したように、「介護」という用語は、明治以降の福祉分野では、身体障害をもつ「傷兵」の保護規定などで使用されていました。それが、高齢者のケアについて広く日常的に使用されるようになったのは、１９７０年代以降といわれています。

実は１９８３年出版の広辞苑第３版には「介護」という言葉は掲載されておらず、掲載されるのは１９９１年の第４版からです。さらに、新聞紙上では１９８０年代中盤から、高齢者介護に関する記事が急速に増えます。日本の高齢者介護は、古くからある問題ではなく、「80年代に出現した新しい社会問題」なのです。

在宅福祉サービスのはじまり

高齢者介護の社会問題化に対応すべく、国も政策を発展させます。

１９９０年には、ゴールドプラン（高齢者保健福祉推進10ヵ年戦略）がスタートします。これによって、高齢者福祉サービスの体系的な整備が着手されることになります。

介護施設の整備だけでなく、「在宅福祉三本柱」と呼ばれた、ホームヘルプサービス、デイサービス、ショートステイといった、介護が必要な高齢者への在宅生活支援が拡大されます。

ゴールドプランが策定された5年後の1995年には、サービス整備目標を約2倍に上方修正した「新ゴールドプラン」が策定されました。この新ゴールドプランは、「利用者本位」「自立支援」という新しい理念が付与されました。「利用者の意思を尊重した、利用者本位の良質なサービスを通じ、高齢者の自立を支援していこう」という新しいスローガンに、大きな期待感が広がりました。というのも、それ以前の「措置制度」のもとでは、住民が福祉サービスを受けられるかどうかの判断は行政側にゆだねられており、サービス内容を決定する権限をもつのも利用者ではなく行政だったからです。

ただ、このころから政府は、行政による福祉よりは、民間企業の参入によって、社会福祉を効率化させていこうという考えが強くなります。これは日本だけではなく多くの先進諸国で見られる動きです。福祉サービスを供給する責任はできるだけ民間にゆだねて、行政はサービスを調整したり、サービスの質を規制する責任を中心に担うという論調が主流になりました。ただ、特別養護老人ホームは、現在でも都市部で圧倒的に供給が不足しています。よって、行政が福祉サービスを供給する責任をしっかり果たしていくことは、依然として大事です。

介護の「社会化」と家族介護

このような社会福祉制度の改革のなかで、厚生省（現・厚生労働省）は、公的介護保険制度を1995年に提案しました。その後1997年に介護保険法が成立し、2000年に施行されました。介護保険制度がはじまったころ、政府や自治体は、介護保険制度を使ってどんどんサービスを利用するようながしました。「介護の社会化」をスローガンにはじまったこの制度は、介護は家族だけではなく、社会全体で支えるものだという考え方を広めました。

社会保険で介護を支えるという発想は、ドイツの考え方を取り入れたものです。ドイツの介護保険は、①サービス（現物給付）、②介護手当（現金給付）、③両方の組み合わせの3種類から選べるようになっています。

しかし、日本の制度は、いくつかの点で、先輩であるドイツとはまったく違っていました。

まず、財源の内訳が違います。ドイツは100%社会保険で、15歳以上の労働者が保険料を払っており、サービスの範囲は限定的です。それに対して、日本は介護保険といいながらも財源の半分は税金で、40歳以上の成人が保険料を支払い、介護サービスの広範囲をカバーする設計で出発しました。

次に、ドイツで導入されたような、介護を担う家族への介護手当は、「介護の社会化」と逆行するといった厚生省の懸念や、「家族介護、とくに女性による介護を固定化してしまう」という「NPO法人高齢社会をよくする女性の会」などの市民団体による申し立てから、日本では長い議論の末、導入されませんでした。

一方で、日本はイギリスの制度を参考にしながら、「ケアマネジャー（介護支援専門員）」という独自の専門職をつくり、多様な介護サービスの選択を可能にすることをめざしました。

日本の介護保険制度は、サービスの内容と対象者が広範囲であること、介護手当といった家族介護への金銭的給付をしないことによって、介護の社会化を進めた点において、国際的に見ても革新的な制度です。

同時に、介護保険はいくつもの課題や問題も抱えています。制度創設当時は、「ケアマネジャーは必要か?」という根本的な議論もありました。利用者本位や自立支援をうたうことと、サービス選択や利用調整を事業所所属を認められた専門職にゆだねることとの間に、なにか矛盾があるのではないか。このような本質的な疑問が、とくに障害者支援の分野から投げかけられたことは、心にとめておきたい事柄です。

また、介護保険制度開始以降は、民間企業や非営利企業も介護保険事業に参入できるようになり、介護サービスの市場化が進みました。これにともない、介護サービスの質の問題が問われるようになりました。また、年金や貯蓄で入居できる介護施設の絶対数が不足し、特別養護老人ホームの入居待機者の問題も、今に至るまで解決されていません。近年では、要介護3以上でないと特別養護老人ホームに入居できなくなるなど、状況はいっそう厳しくなっています。

高齢化がどんどん進むなかで、ついに政府は介護保険制度によるサービス利用の引き締めに舵を切ります。2015年から介護保険制度の自己負担が2割負担になりました。さらに2018年からは一定の所得以上の世帯への3割負担になり、利用者の負担が重くなり、利用サービスを減らす人が続出しました。家族の介護負担が大きくなった、「介護の再家族化だ」との批判も出ています。

加えて、介護状態の人を増やさないよう、介護予防事業が重視されるようになりました。また要支援1と2の人向けの介護予防事業は、市町村レベルの総合事業に位置づけられています。しかし市町村によって、介護予防事業の量や質に違いが見られ、地域格差がいっそう広がっていることは大きな問題です。

一方で、近年になって「地域共生社会」「地域包括ケアシステム」という新たな構想が政府によって打ち出されるようになっています。高齢者だけではなく、障害者、子どもも含め、地域の縦割りのサービスをどう包括していくかが議論されるようになったのです。

一つ例をあげると、高齢者介護と障害者介護の統合がはじまっています。障害者総合支援法にもとづく福祉サービスを利用していた障害者は、65歳になると、介護保険制度にもとづく介護サービスに切り替えられます。それによって、たとえば同じ入浴支援などの生活支援でも、自己負担額が高くなってしまったり、同じ介護者からの支援を受けられなくなったりしています。これは「65歳問題」といわれています。国は、このように障害者総合支援法から介護保険制度に切り替わって、自己負担額が高くなった低所得世帯に対し、役所に申請すれば差額を払い戻す施策をはじめています。しかしながら、申請しなければその差額は戻ってきませんので、制度をさらに見直していく必要がありそうです。

実際、この地域包括ケアシステム構築のなかで、政府はダブルケア問題をとらえはじめています。たとえば、厚生労働白書（平成28年版）の地域包括ケアシステムのくだりでは、具体的にダブルケアの問題が指摘されています。

とはいえ、まだ課題が多いのが実状です。とくに、地域包括ケアシステムの展開が自治体任せになると、地域格差の拡大につながりかねません。出費を抑えるために介護サービスの利用を控え、本人の生活の質が下がったり家族の負担が高まったりしないように、本人と家族のケアニーズをしっかり支える制度となるよう、公的な責任を問うことが大事だと考えます。

当事者の声が制度を動かす——子育て分野

では、子育て支援制度はどう展開してきたのでしょうか。

ふりかえってみると、「子育て支援」という言葉が厚生白書（当時）に書かれたのは1989年であり、高齢者介護とともに、比較的新しい制度であることがわかります。それ以前は、「子育て支援」という言葉はなく、戦後からの児童福祉法に位置づけられる「保育」と、教育制度としての幼稚園、児童手当や母子世帯向けの支援制度、戦後の孤児や、障害児（身体・知的障害のある児童）への福祉、そして、事情があって親が養育できない児童の支援（児童養護施設）など、対象別の子ども施策が中心でした。

子育て支援制度が展開してきた背景には、当事者の働きかけがあります。とくに、障害児の分野は、当事者の訴えで制度が形成され、当事者の役割が大きいです。

1952年に知的障害児をもつ3人の母親が、教育・福祉・就労などの施策の整備を求めて、当事者たちや社会に呼びかけました。そして精神薄弱児育成会（別名・手をつなぐ親の会）を設立し、知的障害児の親が連帯して障害児支援の拡充を願い求めてきました。

　また、1964年に重症心身障害児をもつ親も、「全国重症心身障害児（者）を守る会」を創設し、どんなに子どもの障害が重くても、一人ひとりに合った医療・福祉・教育を受けられるよう働きかけてきました。

　障害児の子育ては家族がおこなうべきものという社会通念が強いなか、当事者が制度不足を強く訴えつづけてきたにもかかわらず、今日に至っても依然として家族頼みの状況であることを、まず強調しておきたいと思います。

　加えて、日本は高度経済成長期に入り、共働き家庭が増え、共働きの親の声が保育政策を動かしていきました。各地での活発な保育運動によって、共働き世帯を支える保育所の数も、都市部を中心に大きく増えましたが、その数は十分ではありませんでした。

性別役割分担と育児負担

　そんななか、1980年代の女性の労働力率を見ると、全体では上昇傾向にあるものの、増加したのは主にパート労働者（非正規雇用）で、フルタイム労働者（正規労働者）はあまり増加しません。

政府はこの時期に、「男性は仕事、女性は家庭」という性別役割分担を前提とした「日本型福祉社会」という考え方を打ち出します。このころ、専業主婦を優遇するような配偶者控除や第三号被保険者制度が導入されていきました。「103万の壁」「130万の壁」とよくいわれますが、収入を調整しながらパートで働く女性が、この制度のもとで増えていきます。

この間、出生率はだんだんと下がりつづけ、日本政府は1980年代後半から、出生率が下がっていることを問題視しはじめます。ちょうど、男女雇用機会均等法が1986年に施行されましたが、仕事をもつ女性にとって子育てと仕事の両立はたいへん難しく、出生率の低下はますます進んでいきました。また、専業主婦の母親の子育てが「母子カプセル」「母原病」などといわれたように、大きな育児負担を抱えながらの孤立した子育てが社会的に問題視されるようになります。

「子育て支援」の誕生

1990年に出生率が1・57に下がり、「1・57ショック」と大きく認識されるようになりました。

国連の国際家族年でもあった1994年に、政府は「今後の子育て支援のための施策の基本的方向について（エンゼルプラン）」を発表します。ここでは、1993年の出生率が1・46の「史上最低を記録」した危機感が打ち出されています。これ以降、日本の子育て支援制度が体系化されていくことになります。

このエンゼルプランや新エンゼルプラン（1999年）のもとで、保育所の待機児童対策がはじまります。1999年以降、国は保育所を設置するための規制を緩和しつづけています。保育サービスの多様化、乳幼児保育や延長保育の拡充が計画されました。しかし、保育の需要に供給がまったく追いついていない状況が、現在まで続いています。

また、専業主婦世帯向けの地域の子育て支援も拡充されていきます。核家族化で高まる育児の孤立感や負担感を軽減させるため、地域の子育てネットワークづくりや、子育て支援センターが全国で広がっていきました。

21世紀に入ると、晩婚化に加えて、結婚している女性の出生率が下がっていることが問題視されはじめます。そこで、保育とともに、専業主婦支援、男性の子育て参画の促進も一緒に進めていかなければ、出生率が下げ止まらないという危機感が高まります。

２００３年に少子化社会対策基本法がようやく制定されました。２０００年代後半からは、全国のすべての自治体で子育て支援計画をつくることが義務化されます。保育所や地域子育て支援サービスの需要調査をもとにした拡充計画をつくることが義務となったのです。

また、一定の規模以上の企業も、次世代育成支援の行動計画をつくることが義務となりました。これによって、自治体だけではなく、民間企業、非営利組織、社会福祉法人、市民団体など多様な人々が、地域の子育て環境を豊かにしていこうと、子育て支援に関わるようになりました。

障害のある子どもや医療依存度の高い子どもへの支援

さらに、２００５年に発達障害者支援法が施行され、知的障害者への支援とは異なる、新しい法的な枠組みができました。発達障害のある子どもたちへの社会的なサポートが不足し、子育ての責任が家族に集中しがちな状況を受けてのことです。発達障害をはじめ「障害」というと、個人の心身や機能の障害によるという「医学モデル」の考え方が根強いという背景もありました。

しかし近年では、「障害は個人ではなく社会のほうにある」ととらえる「社会モデル」の考え方をもとに、法律も見直されています。実際、発達障害者支援法は、２０１６年に改正され、発達障害のある人が社会生活を営むうえで直面する不利益は、本人ではなく社会の責任であるという「社会的障壁の除去」という考えが打ち出されました。

さらに、医療的ケアを受けながら生活する子どもへの社会的支援も、近年やっとはじまり、医療的ケアを必要とする子どもの保育所の受け入れや、訪問看護師が地域での生活を支援する取り組みが、一部の自治体でスタートしたばかりです。

障害のある子どもや、医療依存度の高い子どもとその家族が抱える困りごとを解決するのは社会の責任です。しかし、その子らしさが尊重されるための社会的支援や家族への支援が依然として大きく不足していることは、私たちのインタビューでも幾度となく聞かれました。

地方版子ども・子育て会議に当事者の声を伝えよう

２０１２年夏に、「子ども・子育て支援法」が制定され、子育て支援は新しい段階に入りました。ひらたくいえば、これまでばらばらだった子育て支援のお財布（財源）が、「施設型給付」「地域型保育給付」と、二つのお財布にまとめられたのです。

加えて、２０１４年４月から消費税率が５％から８％に引き上げられたのを受けて、地域での子ども・子育て支援に７０００億円があてられることとなりました。その計画や使い道を決めるのは、国だけではなく、各自治体に設置された「子ども・子育て会議」という会議体です。ここは子育て支援計画の中身について議論する重要な場となっています。成人している国民であれば誰でも、自分の地域の「地方版子ども・子育て会議」の市民委員になることを通じて、自分の声を計画策定に反映させることができます。「子ども・子育て会議」の日程をチェックして、一度、傍聴してみるのもお勧めです。

２０１９年10月からは、消費税が10％に引き上げられたことにともない、幼児教育・保育の無償化が実施されています。増税分の使途は、２０１２年社会保障・税の一体改革で定められ、当初の案には無償化はありませんでしたが、２０１８年に突如、政治的に使途変更が決まりました。ただ、無償化よりも全入化（待機児童解消）をという声も根強く、ダブルケアラーの視点で考えても、入りたいときに必ず入れる保育の整備が先決です。

このように、介護・障害・子育ての分野でそれぞれ制度が発展してきましたが、現在、各制度の統合が問われています。

ダブルケアラーのサポートには、保育所はもちろん、柔軟で使いやすい一時保育や、介護から離れてほっとできる場所など、地域子育て支援の役割が大きいと考えます。すでに、当事者目線で共感を呼ぶ地域子育て支援が全国各地で展開されてきました。

とくに注目したいのが「利用者支援事業」です。これは、家庭ごとのニーズに合わせて、子育て支援サービスを紹介してくれる専門員の設置です。子育て支援のケアマネジャーのような仕組みです。

ダブルケアラーのニーズは多岐にわたるので、利用できるサービスについてすべて自分で情報収集するのは大変です。そんなとき、困りごとやニーズをこまやかに把握し、地域のサービスにつないで解決を応援してくれる存在は、ダブルケアラーにとって心強い味方です。

加えて、障害をもつ子どもを育てることと介護とのダブルケアの場合、障害児支援利用計画（いわゆる計画相談）と、高齢者のケアプラン（介護サービス計画）をばらばらではなく、ダブルケアの視点で総合的に相談・支援計画づくりができると当事者にとってもよいです。

今、介護保険のケアマネジャーと子育て支援マネジャーとが、一緒にダブルケアラーの選択や決定に寄り添ってくれる時代がきています。それだけではなく、「高齢者」「子ども」「障害」と、これまで別々だった制度の統合がまさに進んでいこうとしています。

ケアの責任や負担が一人に集中せず、社会全体で分かち合い、当事者の尊厳が守られるような、ダブルケア時代の新しい支援が少しずつ動きはじめています。

第3章　ダブルケアを読み解く

第1章と第2章では、ダブルケアを生きる方たちの個々の経験、諸作品を取り上げ、社会的背景や制度の状況を見ていくことで、ダブルケアがなぜ今社会問題になっているのかを、さまざまな側面から考えてきました。

第3章では、ダブルケアの多様な特徴についてふみこんで考えていきます。ダブルケアがどのような困難をともなうのかを具体的に見ていくなかで、今後さらに増えるであろうダブルケアに、どのような支援が必要なのかを考えていきたいと思います。

ダブルケアを困難にする社会構造

ダブルケアは、日本の社会構造の変化によって家族のあり方が変わり、同時に家族をとりまく環境も変わったことで表出してきたことはすでに述べました。それに加えて、人々を支えるための制度が想定する「家族」の姿と、実際の家族の姿にギャップがあることが、ダブルケアをより難しい問題にしています。くり返しになる部分もありますが、そのギャップとはどのような点なのか、整理してみましょう。

まず、高齢化と晩婚・晩産化により、幼児の子育てをしながら親の介護をするという状況が特別なものではなくなりました。これは、第2章の「介護文学からダブルケア文学へ」でも見てきたとおり、１９８０年代までの日本では想定されにくかったことです。

次に、兄弟姉妹数が減り、親族ネットワークが縮小しています。おまけに個人主義が浸透し、隣近所の関係も希薄になりつつあります。核家族の増加も相まって、ちょっと子どもを見ていてもらったり、父母の世話を頼めるようなご近所さんや、親族との付き合いも少なくなりました。

さらに、労働市場における非正規雇用が広がったことにより、家計を支える世代が、不安定な就業状況のなかで働きつづけなければならなくなりました。これは、ダブルケアラー自身が不安定な経済状態に置かれることを意味します。介護や子育てにはお金がかかりますから、なおのこと働かなければやっていけません。しかし、非正規の立場では勤務形態の融通がききにくく、子育てと介護の両立は非常に困難です。子育てや介護をしながら働くことが当たり前の社会でないために、ダブルケアによって仕事を減らしたり、辞めざるをえなかったりと、働く機会や時間を奪われている現実があります。これは、ダブルケア家庭の貧困にもつながっています。

育児離職、介護離職といわれるもので、ふたを開ければ「ダブルケア離職」とでもいうべき実態が、かなりあるのではないかと思われます。

労働市場の不安定化が、子育ての長期化を招き、それがダブルケアにつながっている側面もあります。どういうことかというと、働く世代の非正規化や失業によって、親の年金を頼りに暮らさざるをえない中年の娘・息子が増え、親の扶養期間、すなわち子育て期間が長期化するのです。

このような事情から、高齢の親の介護をしつつ、成人した娘・息子の暮らしを年金で支える、団塊世代ダブルケアラーも増えています。

このように、ダブルケアの問題は、人口学的変化（晩婚化や晩産化）、労働市場の変化（雇用の不安定化・非正規化）に、社会福祉制度が対応できていないために起こっているといえるのです。

誰が介護をするのかという「新しい」問題

さらに、「誰が介護を担うべきか」という役割意識の変化も、ダブルケアにたずさわる方の精神的負担につながっています。なぜなら他の家族ではなく、なぜ自分が介護も育児もしなければならないのかという気持ちが生じやすくなっているからです。

1990年代までは「介護は嫁の役割」という意識が世間に強くありました。嫁が介護をして当然とされ、嫁である女性（とくに長男の嫁）も義理親の介護を自分の役割として受け入れ、介護をすることが多くありました。実際、1997年の調査で「寝たきり高齢者の主たる介護者」は嫁がいちばん多く、4割弱を占めます（平成10年版厚生白書）。ところが、20年後の2017年には、主たる介護者は、多い順から配偶者、子（娘、息子）、事業者（訪問ヘルパーや施設職員）、そして最後に嫁となっています（平成30年版厚生労働白書）。

このように、世帯構造の変化（独身世帯や高齢者世帯の増加と、3世代同居の減少）や介護保険法の施行によって、誰が介護をするかが自明ではなくなり、家族のメンバー間で交渉がおこなわれるようになりました。その結果、「姉がいるのになぜ自分が介護するのか」「同居している兄がせず、なぜ自分が遠距離で介護しているのか」など、葛藤を抱えることになったのです。

社会福祉制度がダブルケアを支えられない理由

さて、社会構造と社会規範（社会の大多数に共有されている「～すべき」という考え）の変化を確認しましたが、現在の社会福祉制度が、時代の変化に対応していないのは、なぜでしょうか。

もともと日本の福祉制度は、男性稼ぎ主型の家族主義を念頭において設計されました。そこで前提とされている家族の形は、外で働き、収入を得る人（たいていは男性）と、家庭で家事、育児、介護といったケアを無償で提供する人（たいていは女性）の両方がいる家族です。

この家族では、家庭を守る人（たいていは女性）が家族に介護、育児を提供するのは「当たり前」で、何らかの事情（経済的困難など）によって、家族がそれをできないと判断された場合だけ、行政が「代わりに」サービスを提供するという考えが基本にあります。

この考え方の欠点は、外で稼いでくる人と、家庭でケアをする人が同一人物であることを想定していないことです。また、家庭でケアに専念できる人がいない場合も想定していません。したがって、働きに出ることと、家庭でケアをすることを両立させようとすると、困難が生じるのです。

戦後、日本の社会福祉制度は、高齢者、障害者、児童と、対象別に発展してきました。それぞれの制度は、私たちの生活にとって欠かせないものとなっていますが、ダブルケアラーにとっては、高齢者福祉の窓口と児童福祉の窓口が別々なのは、非常に非効率で多くの時間と体力がいるなどの問題があります。

今必要とされているのは、育児と介護を同時にサポートするようなサービスであり、それを提供できる制度だといえます。

ダブルケア問題が進行する未来

このダブルケア問題がさらに進行すると、どんな未来が待っているのでしょうか。

まず考えられるのは、「2025年ダブルケア問題」です。すでに70代を迎えた、いわゆる第一次ベビーブーマー（団塊世代）は、1947年から1949年（昭和22〜24年）生まれの世代で、約270万人ずついます。この世代の介護を担うのが、第二次ベビーブーマー（団塊ジュニア世代）なわけです。団塊ジュニア世代が第1子を出産したときの母親の平均年齢は30歳前後であること、またこの世代で35歳以上の出産が増加したことを考えると、2025年に50代前半となる団塊ジュニア世代は、10

代の子育てをしながら、団塊世代の親の介護を担う可能性があります。これが「2025年ダブルケア問題」です。

さらにその後は、「2050年ダブルケア問題」が控えています。団塊ジュニア世代は、1971年から1974年（昭和46〜49年）生まれで、約210万人ずついます。結局、第三次ベビーブームは起こらず、出生率は1・5前後のままでした。団塊ジュニア世代が75歳以上の後期高齢者となるのが2050年前後だとすると、兄弟姉妹数がより少ない「未来世代」が、仕事や育児をしながら介護を担うことになります。これが「2050年ダブルケア問題」です。

ダブルケアラーの「負担」の社会的要因とは

今後、より多くの人が直面するであろうダブルケアですが、私たちは、そして社会は、この問題にどう対応するべきなのでしょうか？

この問いのヒントは、現在ダブルケアに直面する人が何を負担に感じているのか、その負担を構造的に理解することで見えてきます。構造的に理解するとは、それぞれのダブルケアラーの負担の社会的要因を把握することです。

介護や子育てにおいて、人に助けを頼んだり、適切な情報を探したりということが得意な人もいれば、不得意な人もいるでしょう。100人ダブルケアラーがいれば、100通りのダブルケアがあります。

それでも、私たちがこれまでおこなってきたアンケート調査やインタビュー調査の結果から、ダブルケアにもいくつかのタイプがあり、そのタイプによって負担に感じる点が違うことがわかってきました。

ここからは、ダブルケアの負担感を生み出している要因や問題点をあきらかにすることで、具体的な対応策を探っていきたいと思います。

ダブルケアを理解するための5つの視点

ダブルケアラーの方にインタビュー調査をしていると、介護に対する思い、また子育てに対する思いはさまざまで、すべては固有の体験なのだと気づかされます。しかし、ダブルケアへの対応策を探るうえでは、それぞれの体験を一定の基準をもって整理する必要があります。

そのために私たちがたどりついた、ダブルケアの状況を理解するための、5つの視点をご紹介したいと思います。

一つめは、子育てと介護の状況です。これは、ダブルケアのあり方を決定づけるとともに、刻一刻と変化するものでもあります。

まず、子育てに関しては、子どもの年齢、個性、人数、配偶者の有無によって、子どもへの手のかかり方が大きく違ってきます。物理的に手間のかかる乳幼児期と、精神的・経済的に重くかかってくる思春期以降の子育て、受験期の子育て、いじめや不登校、障害のある子どもや医療的ケアが必要な子どもなど、子どもの特性によって、親業の日常や気の抜けないポイントが大きく異なります。

また、介護に関しては、日常の助けが必要な親、義理親、親族の人数や、介護が必要な人との距離（同居・近居・中距離・遠距離）、必要な介護の程度、排泄や食事などの自立度、病歴や精神的な状況や認知症の有無、身体的な障害の有無も含めた要介護の状況、介護関係に入る前後の親子関係、親・義理親自体の夫婦関係から、ダブルケアのあり方が異なります。

二つめは、世帯状況です。これは、ダブルケアの責任や負担を分かちあう人がいるかどうかを見ます。ひとりっ子・ひとり親世帯は、子育てや介護を一人で担わなければならず、とくにダブルケアの責任と負担が一極集中します。

また、ダブルケアラー本人の夫婦関係や兄弟姉妹関係はどうか。協調的な配偶者や兄弟姉妹がいるか。後方支援してくれる親族がいるか。逆に、協調的でない家族や親族の存在は、精神的負担を高めるリスク要因となりえます。

三つめは、家計状況や就労状況です。これは、ダブルケアの金銭的・時間的なゆとりに直結します。家計状況は、自分の所得や預貯金、親の年金や預貯金です。どちらかが余裕があれば補てんできますが、どちらも余裕がなかったり、マイナス状態であれば、何かを犠牲にしなければならず、生活・教育・介護・住居すべてにゆとりのない、かつかつのダブルケア生活になります。そこで、年金制度のあり方や、ダブルケアラー本人や親が働いているかどうかが鍵になってきます。国民年金、厚生年金、共済年金、基礎年金、遺族年金など、年金の種別によって老後の所得は大きな格差があり、それはサービス利用可能性にも直結します。

また、働いている場合、雇用形態、賃金、労働時間、通勤時間、職場の環境（同僚との関係や仕事への満足度）によって、経済的・精神的・体力的ゆとりが大きく異なってきます。

四つめは、友人や地域のつながり、支えてくれる専門家、福祉サービスの利用についてです。これも、ダブルケアの精神的・体力的な部分に関わってきます。ダブルケアの話ができる友人がいれば、思いや不安を共感しあえて心強いですし、困ったときに同じ目線で相談できます。ちょっと子どもを見てもらえる友人や近所付き合いがあるか、ダブルケアのことを話せる友人がいるかでも、精神的な健康が大きく違ってきます。さらに、信頼できる先生や相談員、ケアマネジャーやソーシャルワーカー、ヘルパーや訪問看護師、そして主治医がいるかでも、大きく状況が違ってきます。

また、介護および子育てで、外部のサービスを利用しているか・できるか（とくに親の利用拒否などがないか）、そもそも居住地域や家計的に利用できるサービスがあるかどうかで、精神的・体力的・経済的な負担が異なります。

最後の五つめは、介護・子育てに対する家族内の考え方や社会通念です。これは、ダブルケアの基礎的な部分であり、だからこそ、この基礎が不調和だと、大きな葛藤を引き起こし、ダブルケアラーのストレス・家族関係の悪化にもつながります。

日本は「介護は家族がすべき」「子どもが小さいうちはとくに母親が」といった、介護や子育てについての社会通念がまだ根強い社会です。そして、それぞれが、介護や育児に対して「誰が・どのようにするべき・あるべき」という考え（規範）をもちながら生活しています。

「本当はもっと子どもに関わりたいのにできない」「本当は介護をもっと分担してほしいのに、私がメインでやらざるをえない」「本当はもっと仕事をしたいのにできない」など、家族内で優先順位や方向性がずれている場合はとくに葛藤が高まり、精神面・家族関係が悪化するリスクをはらみます。

これらの視点は、ダブルケアの状況を整理し、必要な支援を見きわめるうえで、役に立ちます。

負担感を大きくする意外な要素

ここでは、調査の分析から、とくに興味深かった二つの結果をご紹介したいと思います。

「親子関係が良好であれば、介護もうまくいくのでは」「介護の負担感は、親子関係のもつれが原因なのではないか？」と想像する人も多いと思います。しかし、ダブルケアの負担感と親子関係の相関は、そう単純ではありません。

私たちの分析からは、親子関係が良好だと感じている人ほど、ダブルケアの負担感が強い傾向があることがわかりました。これはおそらく、親子関係が良好なほど、親の介護をもっとしたい、するべきという気持ちが強いためではないかと推測できます。つまり、子育てもしているため、親の介護を十分にできていないという罪悪感が負担になっているのではないか、と考えられます。

もちろん、親子関係が良好でないなかでの介護と子育てにも別の困難はあると想像できますが、良好な親子関係がダブルケアの負担感を増すということもあるようです。

親、または義理親の要介護度は、ダブルケアの負担感にどう影響しているのでしょうか？

分析をする前は、要介護度が高くなるほど、負担感は強まるのではないかと考えていましたが、分析結果からは、要介護度が高いほど、ダブルケアの負担感は弱くなる傾向にあることがわかりました。この背景には、要介護度の高い人のほうが、介護関連施設に入所している割合が高いことがあると考えられます。

ダブルケアの負担感の背景には、このようにいくつもの事情が複雑に絡みあっており、単純なものではありません。実際に、インタビューでは、施設に入る前の在宅介護（同居、近距離、遠距離の違いにかかわらず）と育児を同時におこなうことの大変さが語られるケースが多く見られました。

３人のダブルケアラーの状況から考える

次に、先ほどご紹介した視点を用いて、実際のダブルケアラーの方の状況を、整理してみたいと思います。

事例１：障害をもつ子どもたちと実母（同居）介護のダブルケア

Ｋさん（横浜市、30代半ば女性、パート勤務、子ども８歳、６歳、４歳）

デイケアセンターでパートとして働きながら、3人の子育てをし、60代後半の実父母と同居し、実母を介護しています。これまで父親が母親の介護をしていましたが、認知症（ピック症）のある母親の介護拒否がはじまり、父親一人の手に負えなくなり、ひとりっ子であるKさんが同居して、母親の介護を担うことになりました。子どもたちの父親とは離婚しており、シングルマザーです。子どもは、上の二人に発達障害があり、末子が脳性麻痺で全介助が必要です。

まず、同居介護に加えて、全介助が必要な末子を含む子育てもあり、父親の協力はありますが、多重のケア責任がKさん一人に集中していることがわかります。ひとり親・ひとりっ子ダブルケアラーであるKさんは、母、娘、稼ぎ主という多重の役割を担い、異なるニーズを同時に満たすことを要求されています。

家計状況については、就労なしでは成り立ちません。職場は家庭の介護、育児の状況を理解してくれているのが救いです。

母親の特別養護老人ホームへの入居申請時に、子どもの障害のこともくわしく伝えましたが、夫と娘が同居しているのでは、たとえ要介護5でも入所は難しいと言われたそうです。父親が子育てを手伝ってくれますが、障害をもつ末子の介助が大変です。母親の介護のほうは、施設入所を待つ間も在宅サービスを受けるなど、福祉制度を利用することができますが、障害児支援は選択肢がほとんどありません。

障害をもつ子の母親は就労していないことが前提とされているとKさんは強く感じています。シングルマザーの場合、家計を支えるため就労しなくてはなりません。それなのに、家族が同居しているから母親が施設には入れないというのは、子育ての事情を考慮してくれていないと感じます。

Kさんのダブルケア支援には、Kさんに一極集中したダブルケア責任と負担を分担していくこと、Kさん自身が少しでも心身ともに休む時間をもてるようなサポートがまず必要です。また、障害児の支援サービスの不足と、障害をもつ子の母親はフルタイムで母親であるべきという社会通念が、仕事と子育ての両立だけでなく、介護もしているKさんのダブルケアに負担をかけています。

行政レベルの対策としては、ひとり親ダブルケアへの経済的支援の拡充、介護支援専門家と制度におけるダブルケアの認識、地域における障害児の子育て支援の拡充、障害児の子育て支援と介護支援の連携が必要といえます。

別の方のケースも見てみましょう。

事例2：パート勤務、二つの保育所送迎、義理父母（同居）介護のダブルケア

Sさん（横浜市、40代前半女性、パート勤務、子ども7歳、3歳、2歳）

義理の父母と同居し、パートをしながら3人の息子を育て、要介護4の認知症の義理父を介護しています。夫は早朝から深夜まで仕事で不在がちです。保育所の定員の空き不足から、下の二人の子どもは別々の保育所へ通っています。朝、夕と二つの保育所を1時間半かけてまわり、帰宅したら、食事の介助や見守りなど、義理父の介護をしています。義理父の介護をしてきた義理母は、足を骨折してから、家事をこなしたり介護をしたりがしんどくなりました。このごろは、精神的、感情的にも不安定で攻撃的なこともあり、義理母にもケアが必要なことが多くなりました。Sさんが帰宅してからは、Sさんが義理父の介護を主にしています。またケアマネジャーとのやりとりはすべてSさんがしています。

就業状況については、Sさんは、介護と就業を両立するために、パートとして働いています。毎日が綱渡りですが、勤め先の理解があるおかげでなんとかなっているといいます。

フルタイム就業、あるいはフルタイム介護であれば、保育所の入所基準で優先性が高くなりますが、介護があるため就業時間を短くしているSさんのような場合、優先性は低くなってしまいます。

世帯状況や就労状況を見ると、夫は長男でひとりっ子。自営業で多忙です。日常的に介護に関わる時間は少ないですが、介護の愚痴をよく聞いてくれます。Sさん自身の親は健在で日常の手助けの必要はありません。

地域のつながりについては、ずっと地元のため、地縁があり、地域の保育所開放などにも積極的に参加しています。ただ、子どもや親を少しの間見ていてくださいといえる仲の人はいません。

Sさんのダブルケアは、同居介護で、要介護の義理父の介護だけではなく、精神的に安定しない義理母のケアもしています。また、子どもたちが同じ保育所に入れず、保育所の送迎だけでも朝晩電車とバスを乗り継いでと大変で、大きな負担となっています。義理父はデイサービスを利用しているので、日中は義理母が休み、Sさんも仕事ができます。

Sさんの介護に対する考え方はどうでしょうか。義理父が入院した病院で、病状を医師から説明してもらうのに嫁ではなく、「家族」の人を呼んでくださいといわれて、自分は介護もしているのに、「家族」ではないといわれたようで、とても理不尽に不愉快に思ったそうです。

Sさんのダブルケア支援には、まずは子どもたちが同じ保育所に通えるようにすること、自治体の保育担当部署や保育現場で制度が見直され、医療関係者の認識改善も必要といえます。

後日談となりますが、その後Sさんは、ダブルケア別居を決断します。義理父は認知症がひどくなり施設に入所し、義理母の攻撃的な認知症も進んでいきました。同居介護が限界だと感じ、夫と義理母は残り、Sさんは実家近くに転居しました。子どもが新しい小学校に慣れるのに時間がかかっていることもあり、子どもと関わる時間を最大限とることを優先しての決断です。実家のサポートを受けながら、3人の子どもとゆっくり関わる時間がとれるようになったそうです。

次の方のケースです。

事例3：幼児同伴、実父（近距離）介護のダブルケア
Oさん（横浜市、30代後半女性、専業主婦、子ども6歳、2歳）

第1章でも紹介したOさんです。ここでは、Oさんのダブルケアについて、理解を深めたいと思い、再びご紹介します。

Oさんは、二人の男の子を育てながら、要介護2の近居の父親を支えています。毎日長男を小学校に送り出したあと、2歳の次男をつれて徒歩10分の実家に通っています。母親が仕事で不在の間、脳梗塞の後遺症で半身麻痺と軽い認知症がある父親の日常の手助けをするためです。動きまわりたい次男を抱えながら、父親の歩行を介助したりと、いつも両手がふさがっているような状態です。

就業状況や世帯状況はどうでしょうか。

Oさんの母親が主たる介護者ですが、母親は就業しています。また、Oさんの姉は遠方に住んでいます。よって、平日はとくに、Oさんが介護責任を一手に引き受けています。　夫は多忙な会社員です。小学校に入りたての長男、イヤイヤ期の次男の子育ても、Oさんが一手に担っていて、ダブルケアの負担がOさんに集中しています。

Oさんは、音に敏感になった父親が不安定にならないように、次男を静かにさせなくてはなりません。父親っ子であったため、父親の介護はできるだけ関わりたいと思い、また、母親の愚痴の聞き役もしています。自分の父親の介護なので、夫に介護に関わってもらうことまでは期待していません。夫は週末に病院の送迎をしたり、子どもを遊びに連れていったりしてくれるので協力的だとOさんは感謝しています。

次に、地域のサポートについては、尊敬する父親の生活をもっと支えたいと思いますが、地域にある一時保育は満員のことが多いし、空きがあったとしても、利用できる時間枠や、子どもを保育所まで連れていく時間などを考えると、こうしたサービスを利用するのは難しい状況です。

また、住んでいるタワーマンションのある地域は、あまり地縁がなく、ちょっと子どもを預かってくれるような近所の友人もまだいません。

そもそも、ダブルケアで忙しく、地域の子育て支援センターにも行けず、地域のつながりをつくる余裕もありませんでした。

友人・知人で介護をしている人はいないようで、子どもの話中心のママ友とは、「重い」話を話題にはしたくありません。以前、幼稚園のママ友に介護の話を少ししたら、「忙しいだろうから」との気づかいから幼稚園の後に遊びの誘いがかからなくなってしまいました。誰にも相談することができず、一時は精神的にとても追いつめられました。

Oさんの考え方を見ると、家族に尽くしてきた父親の介護は家族がするべきだと思っていて、父親の介護がしたいという気持ちが強いです。また、子育てと仕事の両立は無理だと思い、子育てに専念するため仕事を辞めたのに、子育てに専念できていない自分を中途半端だと責めています。

Oさんのケースを読み解くと、一時保育の利用が心情的にも物理的にも難しいため、父親と幼児を同時にケアすることに難しさを感じています。また、自分のダブルケアの状況を話せる機会や、人間関係がなかったときは、孤立感を覚えていました。さらに父親と子ども双方に対して、十分に面倒を見てあげられなくて申し訳ないという気持ちでした。

Oさんのダブルケア支援には、訪問保育やファミリーサポートのような、短時間利用できる保育サービス、ダブルケア当事者が集まり、経験を共有できる場へのアクセスが考えられます。

実際に、Oさんは他のダブルケア当事者と知りあうことによって、元気づけられ、ダブルケアの状況を知ってもらいたいと、人と話すようになりました。息子さんが通う小学校のPTAでもダブルケア勉強会を企画し、ダブルケアをいろいろな人に知ってもらう取り組みをされています。

現代のダブルケア問題に共通する特徴

一口にダブルケアといっても、さまざまなタイプのダブルケアがあり、ダブルケアの状況によって、困難さを感じるポイントや、必要な支援の内容が違ってくることがわかっていただけたかと思います。

しかし一方で、個々のケースを超えた、ダブルケア全体の特徴も見えてきたのではないかと思います。ここからは、現代のダブルケア問題に共通する特徴をまとめてみたいと思います。

ダブルケアが社会的に知られていない

まず大きな問題は、ダブルケアがまだまだ社会全体の「問題」として認知されていないことです。これまで何度も触れてきたように、現代の日本社会では、育児か介護のみの「シングルケア」が前提とされることがほとんどで、誰かのケアをしながら、別の誰かをケアするという「ダブルケア」の認識が進んでいません。子育てが一段落してから親の介護をするという順序が標準的だと考えられていた時代（１９９０年代まで）の影響が依然として強く、子育てと介護が同時にくるということを人々も想定していませんし、制度もそのような視点でつくられていないのです。

ダブルケアラーを支えることが、社会全体の問題だという認識をより広めていく必要があります。

「私はダブルケアラー？」曖昧な介護の境界

ダブルケアの認知が広まらない原因の一つに、ダブルケアの当事者が「私は本当の介護はしていない」と、自分がダブルケアラーであると認めづらい状況があります。

つまり、介護が生活の中心でなければ、介護しているとはいえないと思う人が多いようなのです。

以前、仙台のシンポジウムに、わざわざ岩手県から参加してくれたダブルケア当事者の方がいらっしゃいました。その方は、地元でダブルケアラーの集まりを主催しているとのことでした。しかし、友人たちに「ダブルケアの苦労を語りあいましょう」と声をかけても、「自分はそこまで介護していない」とか、「自分が話すことはない」と、介護している事実をよく否定されると話していました。

ダブルケアのインタビュー調査をしていても、「ここまでしていないから、私は育児をしていない」などという方はいませんが、一方で「身体的な介護をしていないから、私は介護しているとはいえない」「同居していないので、介護をそこまでしていない」という声はよく聞きました。多くの方にお話をうかがうなかで、同居して四六時中介護をしている人だけが「本当に」介護をしているといえる、と考えている人たちが少なからずいることがわかりました。

つまり「介護はこうあるべき」「育児はこうあるべき」という社会通念（規範）があって、ダブルケアの当事者が、自分がそうであると認められないことが多々あるのです。そういった社会通念にもとづいた人々の考え方や行動は、往々にしてその規範を維持・再生産します。

しばしば耳にする、「私が介護しているなんていったら、もっと介護をがんばっている方になんだか申し訳なくて……」といった発言も、日本の介護に関する規範の根強さを物語っています。

親の介護サービスの情報収集や手続きを手伝ったり、ときどき病院の送迎をしたり、買い物を手伝ったりしていれば、それははっきりと「介護している」といえる状況です。身体的ケアにとどまらず、仕送りをする（経済的ケア）、愚痴を聞く（精神的ケア）なども「介護」と呼べるのです。それを「介護」と認識していない、潜在的なダブルケアラーの方も相当数いらっしゃると思います。

ダブルケアをしている人が、「自分もダブルケアラーである」と認識することは、とても重要です。なぜならそれは、専門家の助けやサービスを利用してよい、ということに自分自身で気づけるからです。

身近にいて、介護に多くの時間を費やしているから大変だとは限らず、条件によってダブルケアの困難さは違ってきます。介護を広くとらえ、ダブルケアのための支援は何かを、考える必要があります。

女性はダブルケアをして当たり前？

また、ダブルケアの根本的な問題として、その責任や負担が、女性に集中していることがあげられます。介護、育児を女性が一人でやりこなすことは当たり前だと、本人も社会も認識しているのです。

ひとたびダブルケアに突入すれば、日々忙しく、生活をまわすのが精一杯で、思考停止状態に陥ってしまいます。そして、地域の子育て支援も利用できず、相談相手もいなくて、あっという間に社会的に孤立してしまうこともあります。とくに、「ひとり親ダブルケアラー」「ひとりっ子ダブルケアラー」の場合は、ダブルケアの責任や負担が一極集中してしまい、一人で抱え込みがちです。

ダブルケアの経験を共有する人たちが集まるダブルケアカフェや、SNS上のネットワークが、孤立しがちなダブルケアラーを支える役割を果たすことは、事例3のOさんのケースを通して紹介しました。愚痴や悩みを共有できる友人や、ちょっと子どもを預けられるご近所さんがいるだけでも、ダブルケアの負担は違ってきます。

介護も子育てもできるだけ助けを借りずに、自分で、あるいは家族でするべきだという考えで精一杯向きあったものの、どちらも十分にできない罪悪感や不全感をもつダブルケアラーは多いです。

第1章でもお話ししたように、介護や子育ては、重要な社会貢献であり、立派な労働です。これは個人で抱え込むことではありません。ダブルケアを乗り切るには、地域包括支援センターなどの専門機関に相談に行く、福祉サービスを積極的に利用する、友人・親族の協力を得るなど、地域にある福祉、身のまわりにいる知人・友人を総動員することが必要です。

そして、介護や育児を女性の問題としてとらえるのではなく、男性も、もっと関わることができるような制度設計を考える必要があるでしょう。

男性にとってのダブルケア

内閣府による、ダブルケア当事者男女1000人を対象とした「育児と介護のダブルケアの実態に関する調査」によれば、自分は子育ても介護も主たる責任者だと答えた人が、男性全体の約4割いました。

実際どこまで行動に現れているか、どういう責任意識をもっているのかは、この調査からはわかりませんが、責任意識はあるということです。

男性が介護と育児により関わりやすくするためには、仕事とダブルケアの両立を視野に入れた働き方の整備が必要です。

2017年4月に介護休業法が改正され、93日の介護休暇の分割取得が可能になりました。近年は、男性の介護と仕事の両立も社会問題となり、「介護離職ゼロ」が政策課題にもなりました。また、大企業のみならず、中小企業の経営者も、男女ともに介護と仕事の両立をどう支えるか頭を悩ませています。ダブルケア問題を、男性・女性双方の問題としてとらえ、ケアをしながら働くことが当たり前な雇用環境の整備が一段と求められます。

ダブルケアが家計を圧迫

前述したように、ダブルケアの現代的問題の一つに、家計の問題があります。ダブルケアしながら働くことが困難な労働環境があります。こうした理由による生活困窮、貧困化は大きな問題です。インタビュー調査や質問票調査では、子どもの学資保険を解約して介護費を補てんしたり、教育費にあてたい家計を、介護費にまわしているというお話も聞きました。

ダブルケア実態調査にて、ダブルケアで不安（気がかり、心配）に思っている（いた）ことを聞いたところ、「家計・経済状況」がもっとも多く41・0％、次いで、「子どもへの影響」が39・1％、「自身の健康状況」が31・4％、「家族の健康状況」が24・4％、「親／義理の親への影響」が22・2％となりました。家計や子どもへの影響を不安に感じる人が多いことがわかります。

また、実際にダブルケア経験者に、ダブルケアに対する備えとしてやっておいた方がよかったことを尋ねたところ、

①親族や親とダブルケアになったときの負担や分担を話し合っておく（29・2％）

②親が元気なうちに介護について話し合う（26・0％）
③子育て・介護に関する経済的な準備をする（23・0％）
④誰がいつ要介護になるリスクがあるのか整理する（21・1％）
⑤子育て・介護に関する地域の支援制度を調べる（20・5％）
があげられました（第8ステージダブルケア実態調査―ソニー生命連携調査―〈2018〉より）。

日ごろのケアに関する何気ないコミュニケーションや、経済的備え、地域のケア情報につながっておくことが、ゆくゆくのダブルケアの備えにつながることがわかります。

ダブルケアラーのニーズに対応しにくい縦割り行政

最後に、日本の縦割り行政の問題を指摘しなければなりません。

この章の冒頭でも言及したように、戦後の社会福祉政策は、児童福祉・障害者福祉・高齢者福祉と、対象別の縦割りに制度化されてきました。そして、それぞれの現場で別々の対象に向けて支援がおこなわれてきました。ところが、多重のケア課題を抱えますダブルケアラーの方々は、このような縦割り制度の谷間に落ちてしまうことがあります。

たとえば、前述のSさんのケースでは、介護のためにパート勤務にしたことによって、保育所の入所基準の優先性が低くなってしまいました。Kさんのケースでは、24時間介助が必要なお子さんがいるにもかかわらず、母親と同居している＝介護者が同居しているということで、母親の施設入所が難しいといわれました。ダブルケアには、介護、子育て支援、双方の連携が必要なことはあきらかです。

多くの福祉専門家が指摘していますが、今必要なのは、既存の制度、サービス、人材をつなげていくことです。今あるものをうまくつなげていくことができれば、ダブルケアに対応できる制度は構築可能です。

たとえば、「子育て支援の専門家が、介護制度や介護のことを知る。介護の領域の専門家が、子育て支援制度や子育てのことを知る」といったことです。そうすれば、たとえば介護が必要で地域包括支援センターに行ったとき、同時に子育て支援の情報も教えてもらうことができます。どれだけダブルケアラーが救われるかわかりません。

また、介護福祉士が各家庭を訪問した際に、ダブルケアであるかどうか、情報収集する仕組みがあれば、それを行政支援につなげることもできます。

ダブルケアのような複合的なケア関係が増えていくことを考えると、介護、子育てに関わる専門職の処遇改善も重要です。

ダブルケアとケア不在・放置

調査を通じて私たちは、「ダブルケア責任を認知し、実際にダブルケアをしていて、負担感が高い層」をコインの表面とするなら、一方で、コインの裏面とでもいいますか、ダブルケアの「必要」があるのに、その必要が認識されず、ケアもなされず、公的なケア支援もないという意味での「ケア不在・放置」という状態があることに気づきました。ダブルケアをめぐっては、この表と裏をあわせてとらえる必要があると考えています。


「ケア不在・放置」の層とは、どういった状況を指すのでしょうか。

ここで、広義のダブルケアから、中年独身ダブルケアラーのケースを考えてみたいと思います。広義のダブルケアとは、子育てと介護だけでなく、親の介護と自分のケア、親と配偶者の介護・介助などを含みます。

Fさん（50代男性、作業所勤務、独身、子どもなし）

要支援2の実母（80歳）と同居。高校卒業以降、職を転々とし、長らくひきこもり状態でした。母親の物忘れがはじまると、かねてからのFさんの家庭内暴力が深刻化してきました。

母親も見守りや生活支援が必要となってきました。また、Fさん自身も、精神的ケアや就労支援などのサポートもとくに受けてきませんでした。近隣とのつながりもないまま、地域で孤立していました。

母親や本人から相談がないので、地域の支援もなかなか入り込めません。サポートがない、いわば、「ケア不在・放置」の状態が続いていました。

母親の認知症が進行し、ケアマネジャーがつき、介護保険の支援が入ることになりました。とともに、Fさんは精神科に緊急措置入院となりました。

その後、Fさんは発達障害と診断を受け、自分が支援の対象であることを受容し、現在は精神科のケアを受けながら作業所で働くとともに、母親の介護をしています。

自分のケアと母親の介護をしているため、Ｆさんもダブルケアラーといえます。かつてのＦさんのように、支援や制度につながらないまま、「ケア不在・放置」になっている世帯が多くあります。

最近では「８０５０問題」として、Ｆさんのような問題がクローズアップされるようになりました。「８０５０問題」とは、中年の子ども（50代）と高齢の親（80代）の困難や福祉課題が、相互に絡まりあっていることを表す言葉です。まさに、「ケア不在・放置」のダブルケア世帯の問題だといえます。

私たちの調査研究では、コインの表面の層、すなわち「ダブルケアに関わっていて、ダブルケアの負担が高い層」に焦点を当ててきました。そのためインタビューに協力してくださる方々は、ケアへの責任感が相対的に高い方々で、育児も介護も「引き受けている」層でした。

一方で、子どもへのネグレクトと、高齢者へのネグレクト、両方が進行している、二重のネグレクトに関する実態の解明は、まだまだ進んでいません。Ｆさんの場合は、ケア不在・放置が長年続いていたところ、母親のケア負担が増えたことをきっかけに、介護や医療関係者が関わる突破口が開けた事例です。このような「ケア不在・放置」の実態把握は、今後の重要な課題です。

日本社会で「ダブルケアネグレクト状況」をつくらないためにも、ダブルケアによる複合的課題を社会全体で支援できるよう、制度を改善していかなければなりません。

第4章 広がるダブルケアネットワーク

この章では、ダブルケアの実態を把握するためにはじめた私たちの研究が、どのように行政や、子育て支援団体、高齢者介護支援機関などとつながり、ダブルケアラーを支援するプロジェクトとして展開されてきたか、その道筋をご紹介したいと思います。

私たちのプロジェクト発祥の地、横浜の事例をご紹介することで、他の地域の方々のご参考になればと思います。

ダブルケア研究のはじまり

ダブルケアの調査研究は、子育て支援政策の比較研究を研究領域とする横浜国立大学准教授（当時）の相馬直子と、高齢者介護政策の比較研究を研究領域とするイギリス・ブリストル大学講師（当時）の山下順子の共同研究として、２０１２年にはじまりました。

その前に、私たちは２００９年から２０１１年にかけて、東アジア諸国での高齢者介護政策と、保育・子育て政策について共同研究をおこなってきました。

日本だけでなく、東アジアでは一様に少子高齢化が進行しており、介護と子育ては

「社会的ケア政策」として一緒に考える必要があるのではないか、と考えたからです。同じ問題意識をもつ韓国、台湾、香港の研究者たちと、共同で研究しました。

このプロジェクトでは、主に次の２点があきらかになりました。

まず、ヨーロッパに比べて、子育てや介護の多くを家族が負担しているといわれる東アジア諸国でも、近年、少子高齢化を背景として、家族の負担軽減を目的とする政策が導入されていること。

次に、それぞれの国において、介護政策と子育て支援政策は別々に発展をしているということです。

しかし、往々にして日常生活においては、一つの家族のなかで、介護、子育て、看病など、複数のケアが同時に必要とされます。ケアを担う人は、そのとき何がいちばん必要かを瞬時に判断し、毎日をなんとか乗り切っているという実状がありました。

私たちは、これでは制度と実状が合っていないのではないかと疑問をもちました。制度は、複数のケアを担う人たちを支援することができているのか。ダブルケアの状況にある人は、どこに支援を求めればよいのか。

高齢者介護政策と子育て支援政策の「制度のはざまの問題」があるのではないか。それらをあきらかにするには、まず複合的なケアが家族関係のなかでどのように存在しているのか、そして人々がどのように複合的なケアに向きあっているのか、といった実態を知る必要がありました。

ここから、山下と相馬の二人の視点を合わせた「ダブルケア」研究がスタートします。

当初、「ダブルケア」という言葉以外に「複合ケア」「多重ケア」という案もあったのですが、話しあいの結果、「ダブルケア」がもっともシンプルでわかりやすいということから、ダブルケアと概念化することに決定しました。

2011年秋、私たちは日本学術振興会による科学研究費助成事業に、ダブルケア研究の申請書を提出しました。

翌年4月、この研究が助成事業として正式に採択されたとの知らせを受け、3か年の研究プロジェクトが本格的に始動しました。

横浜のNPO、行政との連携——第1ステージ調査

まず、私たちが実態調査のためにおこなったのは、アンケート調査です。

しかし、研究をはじめた時点ではダブルケアという概念もまったく知られていなければ、その調査もはじめてのことです。いったいどこに行けばダブルケアラーから話を聞くことができるのか見当がつかず、第一歩をどのように踏み出せばいいのかもわかりませんでした。

のちに第8ステージ調査まで重ねることができましたが、手探り状態の第1～3ステージ調査はとりわけ大変でした。調査協力を求めると、「ダブルケア？　何ですか、それ」といぶかしがられることもしばしばでした。

そんななか、最初に大きな理解を示してくださったのは、横浜市政策局とこども青少年局子育て支援課です。当時の横浜市政策局の関口昌幸係長は、以前は、こども青少年局青少年育成課に在籍し、若者支援を担当されていました。

ダブルケア研究が本格的にはじまった2012年、奇しくも関口氏は政策局に異動したばかり。そこでは、自治体、大学、社会起業家などの知識や技術、サービスなどを組み合わせて問題を解決しようという「オープンイノベーション」を掲げ、新しい政策課題に取り組んでいらっしゃいました。

相馬が研究について説明すると、ありがたいことに、調査研究に快く賛同してくださいました。そして、こども青少年局子育て支援課につないでくださいました。その後、横浜市との協議を重ねるなかで、子育て支援サービスを利用している方々を対象にアンケートを実施して、乳幼児のいる人がどれくらい介護に関わっているかを調査してみてはどうかとの示唆をいただきました。

こうして、2012年の夏、横浜市の地域子育て支援拠点において、第1ステージ調査を実施することになります。

どこで調査をおこなうか検討した結果、子育て支援サービスの状況や、平均的な世帯収入、家族構成など、経済的な特徴の異なる地域ということで、S区、T区、A区の三つの地域子育て支援拠点にご協力をお願いすることにしました。

各施設の施設長に説明にうかがうと、ダブルケアという課題について、たいへん深い関心を示してくださり、調査に快く協力してくださいました。

調査方法は、地域子育て支援拠点を訪れた方々に、調査票（アンケート用紙）をお渡しし、その場でご回答いただくという形をとりました。

地域子育て支援拠点は、就学前の子どもとその親が集う場ということもあり、ダブルケア当事者の比率はその後に続く調査に比べ、高くありませんでした。しかし、子育て支援の領域から調査を進められたのは、研究プロジェクトにとって幸いでした。なぜなら、子育て支援拠点に集まる方たちは、主に「母親」としてその場に参加しているため、介護でどんなに苦労していても、その話をすることはほとんどないということがわかったからです。

このことは、介護制度と子育て支援制度の縦割りの影響について考えるきっかけを与えてくれました。また、利用者の女性たちより少し上の世代の40代、50代の地域子育て支援拠点のスタッフの方々に、ダブルケア経験がある方が多かったことが印象的でした。

この第1ステージ調査は、その後のインタビュー調査にご協力いただく方との出会いにもつながりました。それぞれのお話を聞くなかで、ダブルケアは個々人の問題でなく、地域の、そして日本社会の課題であるという気づきをもらい、研究プロジェクトの基盤をつくることができました。

とはいえ、乳幼児対象の子育て支援拠点という性質上、この結果をもってダブルケアの実態はつかみきれないという実感を得ることにもなりました。

NPOと手を組み、第2ステージ調査を全国レベルで実施

第1ステージ調査が終わった2012年8月、私たちは、さらにふみこんで調査をしていく必要性を感じていました。そんなとき、「地域のコミュニティづくりに関わっている非営利団体の方と一緒に調査したら、よりダブルケアの実態が見えてくるかもしれませんよ」と横浜市の方から提案をいただきました。

地域に根づき、住民と一緒に住みやすいコミュニティづくりを推進しているNPO、あるいは市民団体と一緒にプロジェクトを進めていくことは、研究成果を社会に還元するうえでも心強いパートナーを得ることにつながるかもしれない、という期待もあり、提案をお受けすることにしました。

そうしてご紹介いただいたのが、「NPO法人シャーロックホームズ」事務局長（当時）・東恵子さん（現・同理事長）、「NPO法人横浜コミュニティデザイン・ラボ」代表理事（当時）・杉浦裕樹さん、同理事（当時）・宮島真希子さん、佐橋加奈子さんです。

シャーロックホームズは、横浜市内で親と子のつどいの広場を運営したり、小学校の空き教室を利用して、子どもたちに安全で快適な放課後の居場所を提供したりして

いる団体です。当時事務局長だった東さんは、小学生と中学生の息子さんの子育て真っ最中で、ダブルケアラー予備軍ということもあり、強い関心を示してくださいました。

横浜コミュニティデザイン・ラボは、暮らしやすいまちをつくるための情報や、幅広い人脈をもち、多くのイベントやプロジェクトを運営しています。

この方々との出会いによって、ダブルケア研究は新たな展開をしていくことになります。

2012年冬、より広く子育て世代を対象にダブルケアの実態調査をするため、第2ステージ調査として、メールマガジンを通してアンケート調査をおこないました。

シャーロックホームズのメールマガジン、さらに東さんが参加されている子育て支援団体のネットワーク「マミーズサミット・全国ネット」を通じて、社会起業家である福岡の濱砂圭子さん（株式会社フラウ代表取締役社長）、広島の阿須賀芳恵さん（株式会社フラウ中国四国支局長）、香川の中橋恵美子さん（NPO法人わははネット理事長）、京都の田中美賀子さん（NPO法人亀岡子育てネットワーク理事長〈当時〉）、静岡の小林恵子さん（株式会社ふじやままマ代表取締役〈当時〉）のご協力を得られることになり、ウェブサイトやスマートフォンを使い、各法人の発行するメルマガ会員の声を拾うという大規模な調査をおこなうことができました。

集まったのは933サンプル。回答者の年齢を見ると40代前後が多く、子どもの平均年齢は第1子が小学校低学年くらい。約2割と、一定数の方がダブルケアに直面している（いた）ことがわかりました。

乳幼児の子育てをしている母親が中心だった第1ステージ調査とは、角度の異なる結果を得ることができました。この結果を見て、幅広い世代を調査する必要性をあらためて認識することになりました。

ダブルケアカフェの第一歩

アンケート調査では、全体的な傾向は把握することができますが、ダブルケアに関わる人の日常や、どのような感情や考えをもっているのかまで、くわしく知ることはできません。それには、インタビュー調査がより有効です。

そこで、第1、第2ステージ調査の際、個別インタビューにご協力いただけるダブルケアラーの方も同時に募集しました。その結果、約40人の方々にインタビューをさせていただけることになり、実際にお会いしたり、お電話でお話をうかがったりしました。

このインタビュー調査では、時には2時間、3時間とお話を聞くことができ、ダブルケアの問題の深さをあらためて認識しました。

インタビューにあたっては、皆さんが落ちついて話すことができるよう、子育て支援拠点でお子さんが遊んでいる間におこなったり、ご自宅にうかがう場合は保育士さんに同行していただいたり、お子さんが寝てからお電話でお話を聞くなどの方法をとりました。

このインタビュー調査を進めているころ、シャーロックホームズの東さんから「芹が谷コミュニティ　てとてと」の代表・植木美子さんをご紹介いただきました。てとてとは、横浜市港南区芹が谷で地域の支えあいをおこなう任意団体で、親子の遊び場や、子ども連れ歓迎のカフェなどを運営しています。

植木さんは、まさにダブルケア経験者でした。

7年前に義理のお母さんを癌で亡くしていました。「義理の母とは決していい関係ではなかった」といっていましたが、当時3歳だった息子さんを連れ、毎日のように入院先の病院に通ったそうです。

「息子のおばあちゃん」であり、「夫の母」である人の最期の時間に向きあうにあたり、自分自身が後悔したくないという思いがあったと語ってくれました。幼児を連れての病院通いは、心身ともに本当に大変だったと思います。

植木さんはそんな経験から、誰でも自由に参加でき、食事をしながらゆったりおしゃべりできるイベント「おしゃべりカフェ」を企画・運営されていました。家庭で複数のケアを担う人たちにとって、「何か食べながら、ほっこり話せる場があることが大事」という思いがあったからです。

そこで、おしゃべりカフェで、ダブルケア座談会をすることになりました。

最初は、インタビュー調査にご協力くださった方を中心に声をかけてみました。保育サービスをつけ、横浜市西区で開催したところ、15名の方が参加してくださいました。

3人の子育てをしながら認知症の義理父の介護をして、仕事もしているSさんや、同じく3人のお子さんを育てながら、脳溢血の後遺症で身体麻痺と認知障害がある母親の介護をしているMさんも参加してくださいました。

それぞれの経験を、時にユーモアも交えながら話し、共有する時間は、笑いと涙が絶えない貴重な時間となりました。

座談会終了後にMさんが、

「こういう場がもっと早くあったら……」

と、ぽろりとこぼされたことが、強く印象に残りました。

この「ダブルケア座談会」を通して、ママ友には子育ての相談はできても、介護の相談はしづらいこと、そのために孤立しているダブルケアラーもかなりいるのではないかと気づかされ、当事者の支えあいの重要性をあらためて感じました。

その後も、ダブルケア座談会はたびたび開催され、各地に広がっていきました。

横浜市神奈川区のうねり

２０１５年10月に横浜市片倉三枚地域ケアプラザが企画したダブルケア座談会は、地域内で広く宣伝され、７名のダブルケア経験者と介護福祉専門家が参加しました。その際は、子育て支援拠点のサポートで、無料保育サービスも付けました。少しの間だけでも、ダブルケアラーの方たちに介護と子育てから離れてホッと一息つく時間をもってほしいという企画者の思いからです。

横浜市補助事業として運営されている親と子のつどいの広場「ほしのひろば」でもダブルケアカフェが企画され、「親世代・私世代・孫世代の本音が話せる井戸端おはなしたいむ」と題して、ダブルケアラーだけでなく、さまざまな世代の参加者を募りました。

当時代表の北原基子さんは、祖父母・親・子どもの3世代が、日ごろからわいわい過ごせる場、ダブルケアがきても大丈夫と思える地域づくりをめざして活動されてきました。

横浜市神奈川区の地域子育て支援拠点「かなーちえ」でも、ダブルケアカフェが定期的に開催されてきました。市の支援拠点で定期的にこういう場があることはたいへん貴重です。

日々、地域福祉に関わるなかで積極的にダブルケアの視点を組み込んでくださる方々の協力もあり、地域レベルでのダブルケア支援に少しずつ変化の兆しが見えてきています。

たとえば、片倉三枚地域ケアプラザ地域包括支援センター主任（当時、現・同市すすき野地域プラザ所長）でケアマネジャーの小藪基司さんは、「多くの介護者と接してきたなかで、今ふりかえると、『あの方もダブルケア世帯だったのかもしれない』という人がたくさんいる」と気づかれたことをきっかけに、地域ケアプラザで、ダブルケアに関する個別相談を受けつける相談事業をはじめました。さらにこの地域ケアプラザ（地域包括支援センター）では、２０１５年度にいち早く「個別ケース地域ケア会議」「包括エリア地域ケア会議」でダブルケアをテーマに取り上げました。

「どのような地域であれば、認知症の人の介護と育児の両方を抱えている家族の支えになれるだろうか？」「家族の形態が変化する中で、家族が担う介護の現状と、私たちに求められる役割はなにか？」について、ダブルケア当事者、ケアマネジャー、デイサービス職員、医師、訪問看護ステーション、民生委員（児童委員）、区の社会福祉協議会職員、ケースワーカー、子育て支援スタッフ、保健師、区役所の職員の方々がいっせいに集い、話し合われました。神奈川区役所の高齢・児童・障がい・生活保護の担当者もずらりと集まり、神奈川区の地域力を感じました。

この会議は、国の介護保険制度に位置付けられる重要な場です。「ダブルケアは介護だけでなく育児も入ってくるテーマなので、介護保険制度上の会議にかけていいのか」という考えは、多様な介護が問題化する現状と合わなくなっています。神奈川区のように地域全体でダブルケアや複合ケアについて議論を深める自治体が増えることで、ダブルケアにもやさしい地域社会が増えることにつながると思います。

神奈川区長（当時）の二宮智美さんも、「子どもから高齢者まですべての方を対象に、区民の皆様との協働により、地域での支えあいなどの地域福祉の向上を目指して『神奈川区地域福祉保健計画』を策定し推進していく」と発言し（2015年12月）、ダブルケア対策が必要であるとの認識を示されました。

支援の現場で、介護と子育てを領域横断的に考えなければ的確な支援をすることが難しいと感じていた方たちも、ダブルケアに関心をもち、調査や支援活動に積極的に参加してくださいました。

この神奈川区の取り組みが横浜市内の他区にも伝播して、ダブルケアの勉強会や研修会が行われています。横浜市青葉区では地域ケアプラザ（地域包括支援センター）と青葉区社会福祉協議会が連携してダブルケアの実態調査が行われるなど、ケアをつうじた地域づくりの努力が重ねられています。

ダブルケア Café
11月12日（木）
13:30 ～ 14:30
「ほしのひろば」にて・どなたでも参加無料！
親世代
私世代の本音が話せる
孫世代
井戸端たいむ
地域のダブルケアラーさんをお招きしてお話を伺います。
みんなのモヤモヤを言葉にしてみよう！
・こどもらしく
・育児＆仕事・保活
・孫そだて・親の世話
・舅姑・夫理解
お問合せ：045-628-9074【平日１０～１６時まで】
ホームページ：hoshinohiroba.com

ほしのひろばの「ダブルケアカフェ」のチラシ

すでに現場ではじまっていたダブルケア支援

第1ステージ調査をおこなった地域で、さらに調査を進めていくと、すでにダブルケア支援がはじまっている現場もあることがわかりました。

たとえば、在宅介護支援サービスを提供している「NPO法人ワーカーズ・コレクティブ たすけあい栄」です。たすけあい栄では、介護保険制度内の公的サービスとして、在宅介護支援をおこないながら、自主事業として同居家族の家事サービスや、産前産後のお世話や子守りサービスもおこなっていました。

2013年11月、相馬と山下でお話を聞きにうかがいました。

代表（当時）の知野朱美さんは次のようにおっしゃっていました。

「介護のために訪問したら、実際は子育て支援が必要だったケースや、子育て支援のために訪問したら、逆に介護支援が必要だったケースなどを多く見てきました。介護保険によるサービスが整備される前は、ヘルパーさんが『お互い様のたすけあい』の精神で、自己判断で同居家族の子どものお世話などをしてきたんです。私たちは事実上、ずっとダブルケア支援をやってきたのかもしれませんね」

具体的には、こんなケースがあったそうです。

24時間要介護の方の身体介護に入ったところ、主たる介護者でもある娘さんが、シングルマザーで夜学に通いながら資格取得をめざしていましたが、子育てと介護に追われて継続が難しい状況でした。そこで、たすけあい栄では身体介護の後、自主事業として、子どもたちの夕食と見守り支援を提供し、娘さんは夜学を続けることができたそうです。

また別のケースでは、訪問介護サービスの後、親御さんの見守り（主におしゃべり）サービスとして30分間滞在することで、2児の母親であり、主たる介護者でもある娘さんが、お子さんたちと向きあって過ごす時間をつくれたそうです。

子育てしやすい街づくりをめざす横浜市瀬谷区の「NPO法人さくらんぼ」の理事長（当時）・伊藤保子さんは、出産・育児の期間、とくに産後1年は、母親自身にもケアが必要とされる時期だといいます。

「自分と子どものダブルケアがはじまる。そのうえ介護まではじまった場合には、トリプルケアといったほうがよいのでは？」と指摘しています。

横浜市青葉区の「NPO法人ピッピ・親子サポートネット」（理事長・友澤ゆみ子さん，副理事長・若林智子さん）や「NPO法人ワーカーズ・コレクティブ パレット」（理事長・山田範子さん）はじめ、地域で、介護支援や子育て支援をしているNPOや市民団体のお話を聞くことで、支援の現場では、すでにダブルケアに関する実践と知恵が蓄積されていることを知りました。

クラウドファンディングを通じてつながる

第3ステージ調査では、働きながら子育てをする女性を主な対象にしようと考えました。

そのため、横浜や京都を中心に、一時保育、学童保育を請け負っている子育て支援センターでアンケート調査をおこない、402名の方にお答えいただくことができました。

また、2015年にNHK「あさイチ」でダブルケア特集が放映された前後に、第4ステージ調査として番組のホームページに調査リンクを貼らせていただき、ネット調査を実施しました。これにより、第1～第4ステージで、合計2269サンプルを

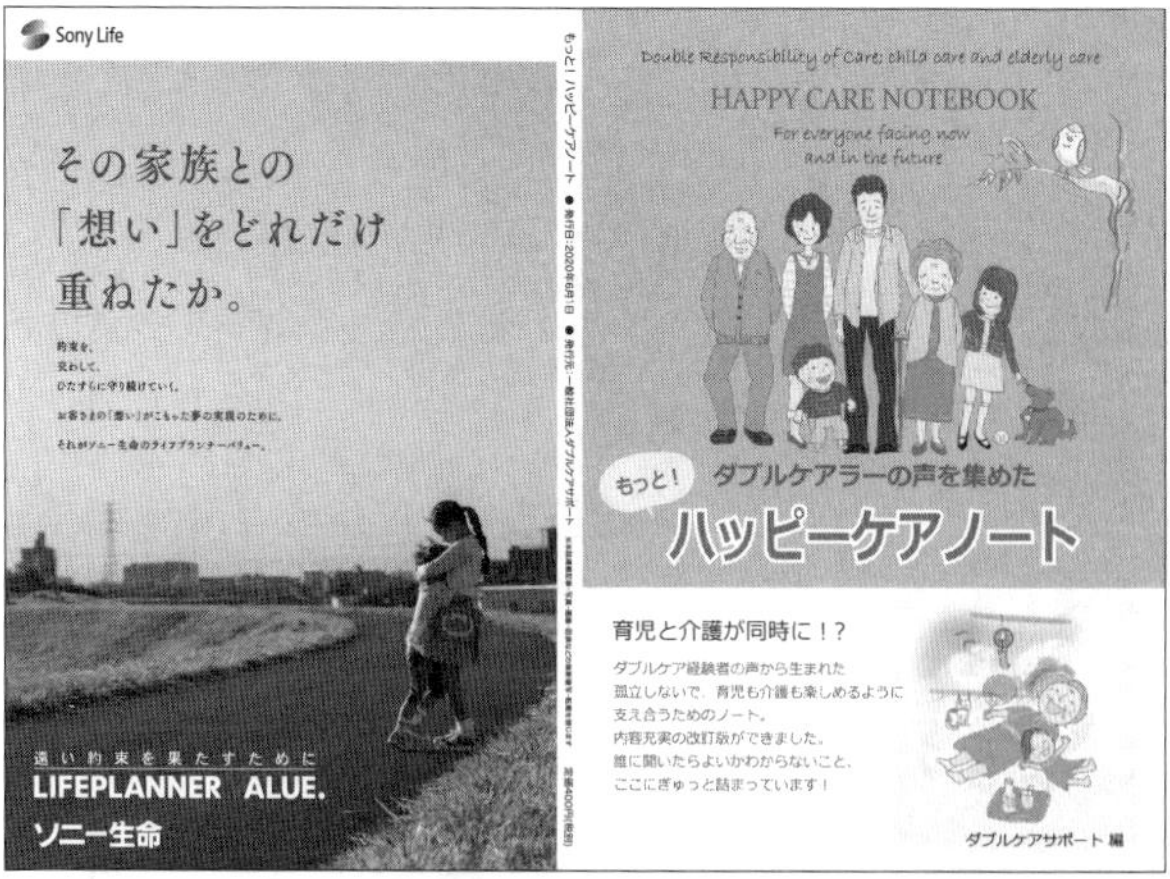

ハッピーケアノートの思いを込めたデザイン。ソニー生命が制作協力している

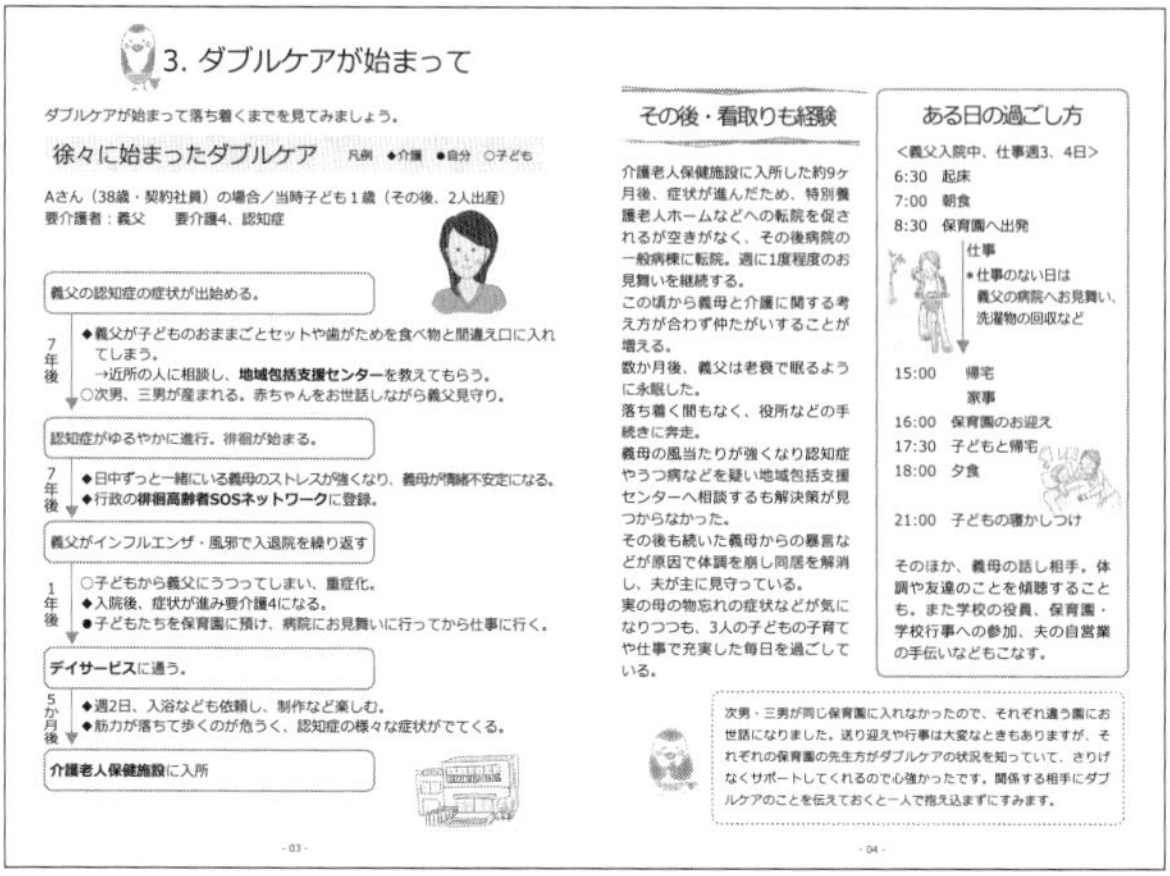

当事者の豊富な事例や官民の支援について、具体的に説明

集めることができました。

この調査結果から、ダブルケアに「現在直面中」、または「過去に直面したことがある」がそれぞれ約1割、「数年先に直面する可能性がある」が約2割で、合計するとおよそ4割がダブルケア人口であることがあきらかになりました。また、ダブルケア当事者の約5割が働いており、ダブルケアと仕事の両立をサポートする視点が、今後の日本の制度設計には重要だと強く認識しました。

この調査結果を受けて、2015年5月1日、ダブルケア支援をめざす「ダブルケアサポート横浜」が設立されました（その後、「一般社団法人ダブルケアサポート」に発展）。植木さんをリーダーに、芹が谷コミュニティ てとて、さわやか港南、シャーロックホームズ、横浜コミュニティデザイン・ラボの各団体が協力して、ダブルケア支援に取り組むためです。

同じころ、横浜コミュニティデザイン・ラボが運営する「LOCAL GOOD YOKOHAMA」によるクラウドファンディングがスタートしました。クラウドファンディングとは、群衆（crowd）と資金調達（funding）を組み合わせた造語で、サービスや製品の開発、調査や研究、コミュニティ事業など特定した目的のために、インターネットを通して、不特定多数の人から出資協力を募ることをいいます。

このクラウドファンディングでは、「ダブルケアラーに寄り添うサポーターの研修プログラムの開発」と「ハンドブック『ハッピーケアノート』の制作」を資金調達の目的として掲げました。

わずか80日間で100名もの方にご協力いただき、目標金額の68万円を上回る76万6605円が集まりました。

この試みは、ダブルケアという課題の大きな発信になったと同時に、当事者、支援者、研究者、企業と、多くの人々がつながる機会となりました。

ソニー生命との連携調査

2015年夏、第5ステージ調査として、ソニー生命と連携しての全国インターネット調査をおこないました。この調査は、統計的にも結果を一般化しやすい「無作為抽出」という手法でおこなわれました。

第1ステージから使用しているアンケートと類似の質問項目で、1000サンプルの調査結果を得ることができました。

これによって、これまで子育て支援団体を通して集めた回答（第1〜3ステージ調査）が、無作為抽出の第5ステージ調査とあまり違いがないことがあきらかになりました。

ソニー生命とは、神奈川区の子育て支援団体ほしのひろばがきっかけでご一緒することになりました。

ほしのひろば代表の北原さんは、同じ横浜市内で活動する子育て支援団体、シャーロックホームズの東さんとつながりがありました。北原さんは、東さんからダブルケアの支援活動について聞き、強い関心を示してくださいました。ほしのひろばは、もともと定期的にライフプランの無料講座を開催しており、ソニー生命のライフプランナーの方とつながりがあったのです。

ソニー生命と私たちは、企業と研究者という立場の違いはありながらも、個々の人生を制度がどのように支えていけるか、という問題意識は共通していました。また、新たな仕組みや制度を提案するためには、実態を把握する調査が不可欠という考えも同じでした。そのため、ダブルケアのクラウドファンディングをフェイスブックで応援してくれたり、一部の有志のライフプランナーの方々が、社内で寄付を集めてくれたり、「ハッピーケアノート」の制作に協力してくれたりと、さまざまな面で支援してくださいました。

その後、ソニー生命から「一緒に調査しませんか」との申し出をいただき、連携調査という形で実施したのが、第5ステージ調査です。

こうして調査研究チームと、地域の子育て支援団体、NPO団体がタッグを組みながら、市民、企業も巻き込んで、ダブルケアラーの実態を把握する取り組みを重ねていきました。

全国ダブルケアシンポジウムin横浜を開催

2015年1月20日、私たちはフォーラム南太田（横浜市南区）において「全国ダブルケアシンポジウムin横浜」を開催しました。

ダブルケア調査の結果報告と、今後の包摂的ケア支援や、ダブルケアラー支援についての討論、その後、昼食懇親会という内容で、当事者、介護支援団体、子育て支援団体、行政関係者、マスコミ、地方議会議員、研究者など、約120人が参加してくれました。

討論では、「育児と介護の両方についてくわしい知識をもった専門職が必要」「当事者の思いや悩みを語りあえる場が必要」「雇用形態や働き方の改善など、企業の視点で考えるべき」「女性だけの問題にしてはいけない」といった意見が活発に交わされました。

またシンポジウムの後半には、参加者全員が10のグループに分かれて、「ダブルケアマトリクス　～包摂的ケア支援にかかわるステイクホルダー～」を作成するというワークショップもおこないました。マミーズサミット・全国ネットの方々がファシリテーターとなり、活発なグループ討論が行われ、会場はかなりの熱気に包まれていました。

このマトリクスは、「課題」「誰が」「何をする（これまで・いま）」「次のアクション（どのような見通し・財源で?）」について、当事者、地域福祉、子育て支援者、介護支援者、役所など、さまざまな視点から書き込めるようになっています。

地域によって、介護サービスや子育て支援サービスの質、地域のなかのネットワークや、近隣関係などに違いがあります。またそれぞれが、どの立場から関わるかによって、ダブルケアへの支援内容も異なってきます。そのため、マトリクスを使って図式化して課題を明確にすることは、現実的にどんな対応が可能かを考える手段として、有効だと考えての試みでした。

横浜から東北へ

この「全国ダブルケアシンポジウム in 横浜」に参加してくださった方々が、その情報と経験を地元に持ち帰ってくださり、ダブルケアネットワークは広がっていきます。

たとえば、２０１５年11月20日には、仙台でダブルケアシンポジウムが開催されました。横浜でのシンポジウムに参加されたマミーズサミット・全国ネットの仙台メンバーでもある伊藤千佐子さんが、仙台でもぜひ広めていきたいと開催。私たちも招いてくださったのです。

東北在住の方を中心に約30人が集まりました。岩手から参加されたダブルケアラーの方は、ベビーカーを押して、新幹線で駆けつけてくれました。この方こそ、のちに「岩手奥州ダブルケアの会」を立ち上げた八幡初恵さんです。

また、いわき市から参加してくれたある女性の、こんな言葉が印象に残っています。

「子育てしながらの介護はとてもつらかったけれど、親類から『お嫁さんは介護して当たり前』と見られて誰にも弱音をいえなかった。私の介護はもう終わったけれど、『ダブルケア』という言葉を知って、今度は自分がサポートする側になって、次の世代がつらい思いをすることのないようにと思って来ました」

仙台のシンポジウムが終わった後、参加者の方々と会場の隅でランチを食べました。お互いのダブルケアの話ですぐに意気投合しました。そして、それぞれの地元でダブルケア支援の輪を広げていこうと約束して別れました。直接会って話し合うというシンポジウムの大事さを痛感します。

岩手奥州ダブルケアの会主催のダブルケアシンポジウムや、八幡さんとともに岩手県大船渡市にダブルケア研修(社会福祉法人典人会)に行き、東北の復興とダブルケアの問題を考える必要性を深く感じました。

ダブルケアが国政課題へ――2015年はダブルケア元年

「全国ダブルケアシンポジウムin横浜」には、メディア取材も複数入りました。その記事を見て、国会でも取り上げたいと連絡をくださったのが、愛知県選挙区の参議院議員(当時)、薬師寺道代さんです。

薬師寺さんは、2015年3月24日、国会の予算委員会ではじめてダブルケアという概念を使い、私たちの調査結果をもとに、次のような問題提起をされました。

「ダブルケアを経験した人や、数年後に経験しそうだという人が、実はもう約4割いるが、まだ日本では認識がない」

これに対して塩崎恭久厚生労働大臣（当時）は、

「今、育児と介護が同時に重なってくるという話でありますけれども、この両方をおこなっている女性の数は、特別に把握をしているわけではございませんけれども、総務省の就業構造基本調査というのによりますと、育児をしている女性というのは30代が364万人、40代が122万人、それから介護をしている女性は30代が20万人、40代が53万人で、重なりがどうなっているのかというのは、つぶさにはわからないところでございます」

と、答弁しています。

有村治子内閣特命大臣（規制改革、少子化対策、男女共同参画）（当時）も、よりふみこんで、次のように答えています。

「極めて重要であり、極めて現実的な問題が起こっているというふうに認識をしています。そういう意味では、現状把握ということも進めていかなければなりません。

介護の負担が事実上、各種データが示すように、女性に偏っているという状況のなかで、やはりすべての女性が活躍するためには、仕事と介護を両立できる環境整備、また介護に向き合って大変な負荷がかかっている女性に対して、きめ細やかな支援を充実させることが重要だと認識をしております」

この予算委員会での質疑を経て、国としてダブルケアの実態調査をおこなうことが前向きに検討されることとなりました。


加えて、第2ステージ調査にご協力いただいた香川わははネット理事長の中橋さんも、国会に「ダブルケア」の問題を届けてくれた一人です。

2015年4月14日、総理大臣官邸で開かれた第5回「まち・ひと・しごと創生会議」で中橋さんは、「晩婚、晩産化による子育てと親の介護を同時にしないといけない、いわゆるダブルケアに悩む人が増えています」と前置きしたうえで、「子育て支援については今年度（2015年度）からさらに子ども・子育て新制度もスタートしました。相談窓口や居場所が増えましたけれども、そこが子どものことだけの相談場所になっているのではなくて、離婚など夫婦という問題について、あるいは介護など、家族が抱える困難丸ごとについて、相談してもいいよという場所になることを期待しています」

と提言されました。

その後、2015年6月22日に開催された男女共同参画会議の「男女共同参画・女性活躍の推進にむけた重点取組事項」のなかには、以下のような文言が入りました。

「長時間労働の削減など働き方改革や、仕事と家庭の両立に向けて企業における転勤の実態を把握するなど、男女が、出産・育児・介護などのライフイベント（育児と介護が同時に重なる『ダブルケア』問題を含む）にかかわらず、その能力と希望に応じた働き方ができるよう、継続就業に向けた支援の強化や離職中の女性の再就職支援など、個人の事情に配慮した働き方の実現に向けた取組を進めるべきである」

また、政府が2015年6月26日に発表した「女性活躍加速のための重点方針2015」のなかでも、「『ダブルケア』問題の実態について調査を行い、その結果等も踏まえ、必要に応じて、負担の軽減の観点からの対策の検討を進める」と具体的に記述されました。

これに続き、2016年4月28日には、内閣府男女共同参画局が、国としてはじめてのダブルケア実態調査の結果を発表しました。

介護を「日常生活における入浴、着替え、トイレ、移動、食事等の際に何らかの手助けをしている場合」と、ダブルケア研究プロジェクトに比べると狭く定義していましたが、それにもかかわらず、ダブルケアラーが全国で25万人いるという推計が出ました。そして、男性ダブルケアラーの約3割、女性ダブルケアラーの約5割が、「育児も介護も自分が主に担っている」という実態が浮かび上がってきました。

さらに2016年10月1日、平成28年版厚生労働白書では、ダブルケアが政府の白書ではじめて取り上げられました。

具体的には、「第一部　人口高齢化を乗り越える社会モデルを考える」の「第4節　暮らしと生きがいをともに創る『地域共生社会』へのパラダイムシフト」というコーナーのなかで、「対象毎の制度別の対応ではなく、複合的な課題を包括的・総合的に解決していくことが必要」（205ページ）と指摘されています。少し堅苦しいですが、これはまさに私たちが2012年度から問題提起していたことと重なります。

この白書のベースとなっているのが、2016年6月に政府が閣議決定した「ニッポン一億総活躍プラン」です。ここでは、「子ども・高齢者・障害者など全ての人々が地域、暮らし、生きがいを共に創り、高めあうことができる『地域共生社会の実現』」というコンセプトが打ち出されています。

めざすべき方向性として、「支え手と受け手側が常に固定しているのではなく、皆が役割を持ち、支え合いながら、自分らしく活躍できる地域社会の実現」が掲げられ、具体的には、①地域課題の解決力の強化、②福祉サービスの一体的提供、③総合的な相談支援体制づくり、④医療、介護、福祉の専門資格における共通の基礎課程の検討・業務独占資格の対象範囲の見直し、について2015年度から10年の工程表が公表されています。

白書でも、ダブルケアは「③総合的な相談支援体制づくり」の部分で言及されています。実際、ダブルケアラーからの声として「たらいまわしにされないような、ワンストップの相談窓口があると助かる」といったニーズが高かったので、多様なダブルケアラー一人ひとりに寄り添うような、質の高い総合的な支援体制づくりが期待されます。

一方で、「高齢者、障害者、子どもが一体的に利用しやすいサービス」というのは、聞こえはよいですが、設置基準、人員配置基準が切り下げられて規制緩和が進んだり、市民の負担が増えることになったら元も子もありません。相談窓口を一本化することが、「安上がり福祉」や「福祉サービスの規制緩和」の口実として利用されないよう、注視する必要があります。

なぜ今、ダブルケアなのか？

2012年、ダブルケア研究は小さな一歩からはじまりました。団体や自治体に丁寧に説明をして、問題意識を共有してもらうことからスタートし、人と人が徐々につながっていき、子育て支援、介護支援とそれぞれの分野に関わっていた人たちが「ダブルケア」という言葉を使いはじめました。

草の根的な動きを、地元メディアである神奈川新聞の鈴木美帆子記者や、NHK横浜支局（当時）・古賀さくら記者が継続的に追いかけ、発信してくださったこともあって、ダブルケア支援の動きは全国に広がっていきました。今から思えば、女性の記者の方が大半で、自分事としてダブルケアを取材されていたのが印象に残っています。

ダブルケアは家庭内で解決すべき個人的な問題ではなく、日本社会の解決すべき課題であると認識されるに至ったのです。

私たちがダブルケアという概念をつくる前、2010年にも、国際医療福祉大学の成田光江さんらが「子育て・介護複合課題調査」を実施されていました。大変貴重な先行研究です。また、「育児と介護の両立を考える会」（川端美和さん主宰）という当事者団体のコミュニティサイトも、2003年から2010年ごろまで運営されていました。すでに2000年以降、当事者から声があがっていたにもかかわらず、社会問題化するには至らなかったのです。

なぜ、当時はダブルケアが地域福祉、そして国政の課題とならず、2015年になって社会的課題だと認識されるようになったのでしょうか？

その理由は、ダブルケアというネーミングだけでなく、第1章で述べたように、少子高齢化、晩婚化、晩産化といった人口学的な傾向や、家族関係の変化、さらには家計の悪化といった背景が、制度やサービスの実状とマッチしなくなったことと密接に関わりあってのことではないかと思います。

現在、政府は在宅医療や在宅介護を推進しています。病院のベッド数や老人ホームの不足も指摘され、財源の安定化をめざして介護保険の利用抑制という方向に舵が切られるなかで、年金の持続可能性についても、国民の不安は高まっています。

さらに、待機児童数の増加など、子育て政策に対する不安も相まって、ダブルケアが身近な問題として認識されるベースとなっていると考えられます。

横浜市政策局との連携

国レベルの課題と、市区町村レベルの課題、それぞれが複雑に絡みあって存在するなかで、横浜市の政策局は私たちの研究を取り上げてくれました。これは非常に心強いことでした。

政策局は、介護保険の担当でも、保育所の担当でもなく、各制度を統括するような部署です。「オープンイノベーション」をテーマに、新しい公民連携のあり方を構想するという使命を帯びていました。この政策局と、私たちの問題意識が重なりあって、横浜におけるダブルケアの調査研究が進んでいきました。

これからダブルケア対策を進めようという方には、介護や保育の制度を統括するような部署とも組むと、領域横断的に進めていける可能性があるとお伝えしたいと思います。一方、高齢者福祉や、子育て支援、それぞれの担当部局と組むと、いずれかを軸足としたダブルケア視点を浸透させやすいという面もあるように思います。

こうして、一つひとつの行動が実を結び、横浜市議会も動き、２０１６年４月から、市の特別養護老人ホームの入所決定基準を見直し、ダブルケア家庭を独居の高齢者と同等に評価する基準になりました。

同居する家族がいても、育児や就労、入院などの理由で介護が困難な状況がある場合が、考慮されるようになったのです。

サポーター養成講座の開発へ

先述したように、２０１５年におこなわれたクラウドファンディングによって、「ダブルケアラーに寄り添うサポーターの研修プログラムの開発」が実現しました。

サポーター養成講座の目的は、子育て支援および介護サービスに従事する方々にダブルケアのことを知ってもらい、対応策を一緒に考える機会をつくることです。

養成講座は、２０１５年秋に、モニター版という形で計４回おこなわれました。このモニター講座には、すでに地域で介護、あるいは子育て支援にたずさわっている方を中心に、約20人が参加しました。

第1回は、「ダブルケア概論」として、相馬と山下が研究者の視点からダブルケアとは何かについてお話ししました。また、ダブルケア経験者の方に、その経験を話してもらいました。

第2回は、前述した地域包括支援センター主任（当時）でケアマネジャーでもある小薮さんに、子育て支援者に向けた介護支援制度の概要とサービス内容の説明、そして高齢者介護の現場から見たダブルケアについて、お話をしてもらいました。

第3回は、横浜市戸塚区子育て支援拠点「とっとの芽」の高村美智子さんに、介護支援者に向けた子育て支援制度の概要とサービス内容の説明、そして子育て支援従事者から見たダブルケアについて、お話ししてもらいました。

最後となる第4回は、全員参加で、包摂的なケア政策、ケアシステムをどのように考えるか討論する、という内容です。

京都府では、知事がダブルケア支援を公約にしたこともあり、2018年度からこの養成講座が発展した形で、ダブルケアのピアサポーター（当事者が支援者になること。当事者兼支援者）養成講座と、子育て支援・介護支援の現場スタッフへのダブルケア研修が本格的にスタートしています。この点については、第5章で説明します。経験者だからこそ、当事者の気持ちになって言葉をかけあうことのできるピアサポーターを、地域にどんどん広げていこうという発想です。また、子育て支援と介護支援、それぞれの現場スタッフが、異分野の制度や問題を知ることは、当事者の状況をそのまま受け止め、地域のさまざまなサービスにつなぐうえで、とても大切なことです。

「ハッピーケアノート」の発行

ダブルケアサポーター養成講座の開発と同時に、ハンドブック「ハッピーケアノート」の制作も進みました。

このハンドブックは、ダブルケア経験者がはじめてその状況に置かれたとき、「身体的な負担が大きいだけでなく、どこに相談したらよいのか、どんな制度やサービスがあるのかわからず困った」という声を受けて、ダブルケアに直面中の方、これから直面する可能性のある方に向けて作成したものです。

シャーロックホームズ理事長の東さんと、ダブルケアサポート横浜の植木さんを中心に、ダブルケア経験者が座談会形式で何度もアイデアを出し、話しあいを重ねて完成させたものです。

冊子の帯には、次のようなメッセージが書かれています。

ダブルケア経験者の声から生まれた
孤立しないで、育児も介護も楽しめるように
支え合うためのノート。
誰に聞いたらよいかわからないこと、
ここにぎゅっと詰まっています！

32ページほどの冊子には、体験談のほか介護施設やサービスの種類、移動方法など、知っておくと便利な情報がいろいろと書かれています。

「ダブルケアは負担が大きいのにハッピーなんて楽観的すぎる」という意見が、ケアノートづくりのワークショップでも実際に出ました。でも、ダブルケア当事者一人ひ

とりが、「ダブルケアはたしかに負担なことが多いけど、それだけじゃない」「私たちは負担を抱えるかわいそうな人じゃない」などそれぞれの思いを語りあって、クラウドファンディングの応援も受け、このノートが生まれました。

経験した人でなければ、なかなかわからない知識が得られるだけでなく、当事者の方が「自分だけではない」と安心できるように、という気持ちも込められています。ダブルケアというと、その負担や大変な面ばかりが強調されがちですが、経験して良かったことも含め、それぞれの人生のなかに、ダブルケアを位置づける手助けができるようになっています。

ダブルケアサポーター養成講座のモニタープログラムの報告と、「ハッピーケアノート」完成のお披露目は、2016年5月、横浜技能会館で「ダブルケアサポート横浜報告発表会」のなかでおこなわれました。介護および子育て支援関係者、経験者の方々を含め、100名ほどが参加してくださいました。

2020年7月には「もっとハッピーケアノート」と改訂されて、より内容が豊富になっています。

ダブルケア視点を現場から地域へ

このように、ダブルケアをめぐる状況は少しずつ、改善へ向けて変化しています。とはいえ、現状では介護の訪問サービスも、産後ヘルパーなどの子育て支援サービスも窓口は一本化されておらず、ダブルケア家庭を総合的にサポートすることは難しい状況です。

すでにダブルケア支援を自主的におこなっているワーカーズ・コレクティブ たすけあい栄の知野さんは、

「やればやるほど赤字。でも、ニーズがあるから（支援が必要な人たちがいるから）、やらなければならない」

といいます。現場にいる方がダブルケア視点をもっていると、ダブルケア家庭に直面したときに、自分以外の別の支援者につなぐこともできます。

ダブルケア視点があれば、既存のサービスをより広いサービスにつなげられる可能性があるのです。

ちなみに、２０１５年４月には、全国で「子ども・子育て支援新制度」がスタートし、横浜市の地域子育て支援拠点のなかに、利用者支援員が配置される事業がはじまりました。ここが相談窓口となり、子育て家庭のニーズに応じて適切な施設・事業等を円滑に利用できるようにアドバイスをしてくれます。その際、横浜市においては利用者が記入する用紙のなかに、「ダブルケア」というチェック項目が入りました。これは、横浜市の利用者支援事業の現場の声から取り入れられたそうです。

市民セクターと行政が連携して、支援策に向けて動き出している好例です。

なお、岐阜県も、介護と育児の両立に関するハンドブックを作成し、2017年度よりホームページで公開しています。地元のNPOが協力しており、地域のダブルケア情報がわかりやすく掲載されています。

介護・子育て支援者もダブルケアラー

ダブルケアラーへの支援は自分たちの問題でもあると、ダブルケア調査を実施した団体があります。ヘルパーやケアマネジャーとして働く人たちの団体、「神奈川ワーカーズ・コレクティブ連合会」です。

この調査は、ダブルケア研究プロジェクトの第6ステージ調査として、横浜国立大学アジア経済社会研究センターと連携して実施されました。

「ワーカーズ・コレクティブ」とは、雇う・雇われるという関係ではなく、働く者同士が共同出資して、それぞれが経営者・事業主として対等に働いている労働者協同組合のことです。福祉分野だけにとどまらず、公園管理や資源リサイクルなど、自治体関連事業をおこなうワーカーズ・コレクティブもあります。

日本でワーカーズ・コレクティブが注目されるようになったのは、1980年代以降、生活協同組合を母体とし、地域住民である主婦が担い手となって、お弁当の配送や家事、子育て、在宅介護、介護者支援の提供をはじめてからです。とくに、介護サービスの分野では、全国のワーカーズ・コレクティブが在宅福祉サービスのパイオニアとして地域福祉発展に貢献してきました。

神奈川ワーカーズ・コレクティブ連合会は1989年に設立され、2017年1月現在で135団体が加盟しています。

第6ステージ調査の対象は、介護支援、家事支援、デイサービス、お弁当の宅配などのサービスを提供するワーカーズ・コレクティブのメンバーと利用者の方、合計2850名です。この大規模調査を通じて、育児と介護のダブルケアだけではなく、「息子や娘、孫をサポートしながら親の介護をする」というダブルケアのお話も聞くことができました。

ダブルケア研究プロジェクトでは当初、主なダブルケアラーは30〜40代の団塊ジュニア世代だと考えていたのですが、少なくない数の60代後半〜70代の団塊世代女性が、体力が落ちているにもかかわらず、孫育てを助けながら高齢の親の介護をし、場合によっては仕事もしていたのです。団塊世代のダブルケアは、最近、「グランドダブルケア」とも呼ばれるようになってきました。この世代は現在、自分の親や義理親、あるいは祖父母の介護と、娘の支援（孫育て）という葛藤や負担を抱えています。

この第6ステージ調査を通じて、団塊世代のダブルケアも調査しなければ、日本のダブルケアの構造はつかめないということがわかりました。

神奈川ワーカーズ・コレクティブ連合会は、この実態調査に続き、２０１６年度に全19か所でダブルケアカフェを開催しました。

そこでは、さまざまな家庭をヘルパーとして支援しながら、自らもダブルケアラーとして、仕事とダブルケアの両立に悩んでいるというメンバーや、自分がダブルケアに直面していたときに、ワーカーズ・コレクティブのヘルパーやケアマネジャーに支えてもらったことがきっかけで、今はサポートする側となったという方もいて、ダブルケアにまつわるさまざまな対話が交わされました。

ダブルケアと仕事の両立を応援する

また、労働組合でも、ワークライフバランスの側面から、ダブルケアへの関心が広がっています。２０１６年1月には、生産性労組リーダー・クラブにおいて、ダブルケア勉強会が開催されました。同年7月には、生産性本部という別の労働組合でも、ダブルケア勉強会が開催されました。さらに、全トヨタ労働組合の機関誌でも、ダブルケアが取り上げられました。

これまで「育児と仕事の両立」や「介護と仕事の両立」が取り上げられることはありましたが、今では「ダブルケアと仕事の両立」というステージに入っています。

実際、２０１８年11月には京都で社会保険労務士の方々を中心に、ダブルケアと仕事の両立をテーマにしたサポート立ち上げのキックオフ会がおこなわれました。社会保険労務士の方々は、働く人たちの支援のプロです。社労士が、地域のケア課題と働くという支援を両輪でスタートされることは、たいへん心強い取り組みです。具体的には、ケアに関わりながらも「笑顔」でいられるために、個人と組織を応援するためのプロジェクトとして、「スマイル☆ケアケアプロジェクト」（佐藤道子さん、高安千穂さんなど）の活動もはじまっています。また、「NPO法人となりの介護」（代表理事・川内潤さん）では、直接企業に出向き、ダブルケアと仕事の両立にかんする個別相談を行うことで、ケアラー目線でのきめの細やかな相談支援を行っています。

次の章でくわしくお話ししますが、ダブルケアは就業の問題でもあるのです。

横浜から全国へ、そしてアジアへ

ダブルケアカフェなどの集まりはその後、全国に広がっていきました。たとえば、奥州ダブルケアの会は、代表の八幡さんを中心に、のんびり、ほっこりとしたダブルケアカフェを定期的に開催されています。

また岩手県では、2018年から県の計画や奥州市の男女共同参画計画にダブルケアが書き込まれました。県としての重要な計画に、正式に課題として明記されたことは、地域の支援を拡大していくための大きな一歩です。その背景には、八幡さんをはじめとするボトムアップの動きがあり、2020年2月には岩手県議会に「岩手県全域における『ダブルケア』支援を求めるための請願」が出されました。岩手は今後も注目です。

香川県高松市の「NPO法人子育てネットひまわり」（理事長・有澤陽子さん）は、「井戸端Cafe ダブルケアおいでまい」を立ち上げ、多様なダブルケアの当事者の支えあいの場づくりを重ねています。

同じく香川県坂出市の「まろっ子ひろば」のダブルケアカフェは、地域包括支援センターの担当者や保健師の専門スタッフも必ず参加し、悩みの共有や相談がすぐにできる場になっています。子育て支援コーディネーターの太田広美さん（NPO法人わははネット）中心にダブルケア支援の輪が広がっています。

このような場には、今現在ダブルケアに直面していなくても、近い将来ダブルケアになるかもしれないと思う方々も参加されています。今は当事者でなくても、ダブルケアについて知り、考え、準備をしておくことには大きな意味があることに気づかされました。

また、名古屋のダブルケアパートナー（代表・杉山仁美さん）や名古屋学院大学の澤田景子さんも名古屋のダブルケア支援活動に尽力されています。

あらためて全国を見渡すと、神奈川県横浜市の各地だけではなく、北海道札幌市の野嶋成美さん、岩手の「奥州ダブルケアの会」（代表・八幡初恵さん）、東京都杉並区のＮＰＯ法人「こだまの集い」（代表・室津瞳さん）、神奈川県川崎市の「ダブルケアかわさき」（事務局・高安千穂さん、代表・田中夏実さん）、茅ケ崎市の「ダブルケア＠さざなみ」、帝京大学・寺田由紀子さんをはじめ、全国各地でダブルケア当事者や支援者がつながり、支援の輪が広がっていることを感じます。

現在までに、私たちの取り組みを知ったいくつかの自治体からも、ダブルケアの実態調査についてのご相談や研修のお問い合わせをいただいてきました。たとえば、北海道庁、埼玉県、京都府、広島県や全国市長会の研究会などです。私たちの実態調査も、第7ステージ調査（２０１７年）、第8ステージ調査（２０１８年）と回を重ねました。とくに、第8ステージ調査はダブルケアラー男女１０００人の声が集まり、現時点ではもっとも詳細なダブルケア調査といえます。

市民レベルで座談会や勉強会を企画する動きと、行政側の発案でダブルケアの実態調査や勉強会がおこなわれる動きが、両輪で進んでいる印象を受けています。

横浜市での経験から、両者の動きが連携していくことが肝要であると考えています。

さらに、トヨタ財団の支援を受け、ダブルケア支援ネットワーク構築の日韓プロジェクトも進みました。

２０１６年2月には、韓国から子育て支援者、介護支援者たちが来日し、横浜のダブルケア関係者との会談が実現しました。韓国から参加した方たちは大いに刺激を受け、帰国後、行政担当者に視察結果を報告。すぐに、行政担当者たちも横浜を訪れました。早速、韓国でもダブルケアハンドブックの制作や、ダブルケア相談窓口の創設に動きだしたそうです。

その後、日本の子育て支援者、介護支援者も韓国を訪れ、関連施設の訪問や意見交換をおこないました。横浜から日本各地へ、そして東アジアへと連携がはじまっています。

手探り状態ではじめた研究でしたが、この間にさまざまな方々の働きによって、ダブルケアカフェ、ダブルケア相談窓口、ダブルケア支援の展開と、ダブルケアを支える制度やサービス、ネットワークがそれぞれの地域で、広がりはじめていることを実感します。

ダブルケアという概念の功罪や、研究者・行政・市民セクターとの連携についての課題については、また別稿で検討し共有したいと思いますが、ここで紹介したような展開は、ダブルケアが現場ではすでに対応すべき問題として認識されはじめていたこと、孤立していたダブルケアの方々がつながる努力をなさったことなど、さまざまな人々の思いや行動が各地で伝播していることが主な理由として考えられます。こうした先駆的で地道な取り組みこそが、ダブルケア世帯や地域社会を底支えしているのではないでしょうか。

第5章　ダブルケア視点で社会設計を

日本における少子高齢化、晩婚化、晩産化といった傾向が、これから大きく変わることは考えにくく、今後はダブルケアがますます当たり前の世の中になっていくでしょう。そのような時代を生きていくうえでは、社会設計も「ダブルケア視点」をもつことが不可欠となります。

では、ダブルケア視点のある社会をつくるには、どうすればいいのでしょうか。最終章では、そのために必要なことを、次の四つのポイントから考えていきたいと思います。

一つめは、ダブルケアの認知を社会的に広げること。
二つめは、家族のなかに存在する複合的なケアの状況を理解すること。
三つめは、ダブルケアをしながら働ける環境づくり。
四つめは、ダブルケア時代の家族を対象とした制度づくり、です。

ダブルケアの認知を広げよう

本書のさまざまな事例で見てきたように、ケアが重なることで、余裕がなくなり、日々対処するのに精一杯で、考えたり話したりするのが難しい状態になってしまうことがあります。

そのようななか、「ダブルケア」という言葉があることで、まず当事者や周りの人が、その状況を整理することができます。そして支援者や行政も、当事者の困りごとを把握して動くことが可能になります。ダブルケアという言葉を通して状況を認知することが、解決の糸口になることがあります。

ダブルケアという言葉が広がることで、ダブルケアの状況がより広く知られ、そのことが制度を変えて、ケアを中心とした社会に変えていくことにつながると考えます。

まずは、ダブルケアをしている人（ダブルケアラー）が、「自分の状況はダブルケアである」と自己認識することが、ダブルケア視点のある社会をつくる第一歩となります。

なぜなら、ダブルケアをしている人自身が、もっともよくダブルケアの困難や問題を知っているからです。ダブルケアラーの声なしには、ダブルケアの社会的認知も広がりません。

また、現在はダブルケアラーでなくても、未来の自分自身のことや、未来世代にとっでは、どうでしょうか。

この問題が、これからの社会で重大な社会的リスクとなることや、未来世代にダブルケアが負担にならない社会をどう残すか、ということも考えながら、私たち一人ひとりが理解と想像力を忘れないことが大事になってくると思います。

十分なケア（子育て・介護）が存在していない社会は、誰にとっても住みにくい社会です。ダブルケアをしていない人も、我がこととして想像してほしいと思います。

身近な支援者が声をあげよう

ダブルケアラーはただでさえ忙しく、声をあげる暇も、心の余裕もないまま日常を過ごしているかもしれません。

そのような場合、重要になってくるのがダブルケアラーに身近な人たち（とくに専門職の方）の存在です。なんといっても、いちばん身近なのはダブルケアラーを支援する人たちでしょう。

具体的にはケアマネジャー、ホームヘルパー、社会福祉士、保健師、子育て支援者などです。ぜひこういった方々にもダブルケア視点をもって、ダブルケアラーのニーズに応えていただくとともに、積極的に声をあげていただきたいと思います。

つながる場所は、リアルでもネットでも

最初は一人の小さな経験や声でも、つながることで大きな声となり、社会を動かす力となります。

では、声をつなげていくためには、どうしたらよいのでしょうか。

第4章でもご紹介したように、今、各地で当事者による「ダブルケア座談会（ダブルケアカフェ）」が開催されています。それ以外にも、同じような立場の人たちが互いに支えあえるネットワークは、少しずつ増えてきています。

インターネットで調べてみたり、自治体に問い合わせてみれば、高い確率でそのような場を見つけることができるでしょう。ダブルケアラーの方たちには、ぜひそのような場を「駆け込み寺」として活用していただきたいと思います。

過去におこなわれた座談会では、先輩ダブルケアラーが、新米ダブルケアラーの悩みに経験にもとづいたアドバイスを送り、座談会後にも相談しやすい関係が生まれたり、対話のなかからダブルケア経験者に共通の苦労が浮かび上がってきて、その対処

法が「ハッピーケアノート」のような形で、より多くの人たちに共有されていくという事例が多く見られました。

もし、ダブルケア座談会のような場に実際に足を運ぶことが難しければ、ツイッターやダブルケアのフェイスブックページや子育て中の親が集うインターネットの広場の介護掲示板など、インターネット上で声をあげるのも一つの方法です。

リアルな場であっても、ネット上であっても、ダブルケアの苦労を自分だけで抱え込むのではなく、外に向けて発信することにはたいへん意味がありますし、一人ひとりの声が集まれば、それは大きな力になります。


では、支援者同士がつながるには、どのような方法があるでしょうか。

各地域には、子育て支援ネットワークと、高齢者支援ネットワークが、それぞれ存在していると思います。その団体同士が声をかけあい、連絡協議会を開いて、現場でのダブルケア事例を共有し、課題を洗い出して、地域での新たな支援ネットワークをつくることが大事だと考えます。

そして、このように共有されたダブルケアラーのニーズを、自治体や国の政策形成の過程に反映させることが必須です。

たとえば、自治体や国には、子ども・子育て会議が設定されています。

この会議は、有識者、地方公共団体、事業主代表、労働者代表、子育て当事者、子育て支援当事者らが、子育て支援の政策プロセスなどに参画できる仕組みとして機能しています。このような会議の俎上《そじょう》に、ダブルケアの問題を載せることも有効な手段です。

さらに、ダブルケア経験者の声には、男性ダブルケアラーや、ダブルケアの受け手である子どもや高齢者の声も組み込むことが必要でしょう。

本書では、ダブルケアラーの多くを占める女性ダブルケアラーを中心に話を進めてきましたが、最新の第8ステージ調査によれば、男性ダブルケアラーもおよそ3割存在することがわかっています。

ダブルケアには多様な人たちが関わっているのであり、そういった視点からも課題を抽出する必要があります。

ダブルケアの両面を伝えよう

ともすれば「負担」や「大変なこと」ばかりに意識が向きがちなダブルケアですが、先述しましたが、ネガティブな面だけでなく、良い面もあります。

あるダブルケアラーは、「8～9割は大変かもしれないが、1～2割はかけがえのないプラスな面がある」といっていました。

また、子どもが精神的な支えとなって介護を乗り切れた、という声も聞きました。日々成長していく子どもの存在が、介護をする毎日のなかで救いとなった、という声もよく聞きます。

さらに、ダブルケアの家庭で育った子どもはやさしい、互いに助けあうことの大切さを肌身で感じているので、友だちや弟や妹の世話を自然にできるようになる、という意見もありました。

ダブルケアの「負担」を軽減するという視点に加えて、「良い面」を膨らませるという視点をもつことができれば、より豊かな社会を構想する力になるでしょう。

ダブルケアをしながら働ける環境を整えよう

「ワークライフバランス」という考え方は、ここ数年でだいぶ社会に浸透してきていますが、これからは「ダブルケア視点」をもって両立支援をできるかどうかが鍵になってきます。

「子育て」と「仕事」の両立がワークライフバランスの第一ステージだとすると、「介護」と「仕事」の両立が第二ステージ、「ダブルケア」と「仕事」の両立が第三ステージといえると思います。

実際、私たちの第7ステージ調査で、ダブルケアに現在直面中、または過去に直面した方に、ダブルケアで何を負担に感じるかたずねたところ、「精神的にしんどい」「体力的にしんどい」の次に、「仕事との両立」をあげた方が38・0％と約4割いました。

「逃げ場」にもなる仕事

内閣府のダブルケア実態調査の結果からも、就業継続を妨げる原因の一つにダブルケアがあることがわかります。また、女性で見ると、就業継続をしても、ダブルケアによって就業時間を減らした人は21・2％で、ダブルケアによって離職せざるをえなかった人も17・5%います。

しかし、仕事があるということが、日々の精神的なバランスを保つために重要だという人も少なくありません。「仕事が逃げ場になる」という方も多いです。「逃げ場」になるとは、ダブルケアラーにとって、育児・介護から離れたことをする時間と場所を確保するのがいかに重要かということを示しています。

もちろん、仕事・育児・介護のすべてを同時におこなうのは体力的にもハードですし、責任も重なり、容易なことではありません。

しかし複数の方にインタビューをしてみてわかったのは、支援をうまく利用して、すべてを継続できることが、ダブルケアラーの精神的な支えになります。

ダブルケアをするにも経済的な基盤が大事となり、正社員ほどダブルケアと仕事を両立しているという研究結果も最近出ています。

働き方を支えあう

では、ダブルケアをしながら、そして自分のケアもしながら仕事を続けるには、どうしたらよいのでしょうか。

その一つの対策として、ワーカーズ・コレクティブの例を紹介してみましょう。第４章にも登場しましたが、ワーカーズ・コレクティブとは、働く人同士が対等に経営や運営に参加する労働者協同組合のことです。

ワーカーズ・コレクティブの事業所調査で集まった声からは、ダブルケアに直面するメンバーにも働きやすい職場にするための取り組みが見えてきました。

「現在、ダブルケアに直面しているメンバーが数名いる。訪問介護の場合は、本人がシフト調整をしてケアに入っているが、通所の場合は希望の時間帯に入れるようになっている。団体をこの先も支えていってくれる年代の人たちなので、その時々の働き方を周りのメンバーで支えたいと思っている」

「ワーカーが働きやすく、家の事情を話しやすくし、休みを取りやすい環境にしている。ワーカーの事情を考慮し、ワーク（仕事）のやりくりをした」

「メンバーの急な休みにも対応している」

「ケース会議などで、普段から代わり合える関係をつくっている」

このように、家庭の事情を話しやすい関係をつくり、急な休みにも柔軟に対応して、働きやすい職場になるよう努力している姿が見えてきます。

しかしこれは先進的な例で、まだまだこうした職場は少ないのが現状です。むしろ長時間労働や低賃金によって、介護や子育てに思うように関われない人たちのほうが多いでしょう。

事業主側もダブルケア視点をもち、社員のマネージメントや人材育成にも、「誰もがダブルケアになる可能性がある」ということを念頭に取り組むことが求められています。

また、国が長時間労働や低賃金を是正して、より多くの人が介護や子育てに関われるように制度設計をしていくことも重要です。

そのための取り組みが、一部ではすでにはじまっています。

2015年4月から、改正次世代育成支援対策推進法にもとづき、厚生労働省が認定した子育てサポート企業は「プラチナくるみん認定企業」であることを公表できると同時に、税制上の優遇措置を受けられるようになりました。

今後はここからもう一段階進んで、ダブルケアに対して包括的支援をおこなう企業を「ダブルケアサポート企業」などという形で社会貢献企業として認証し、何らかの優遇措置をとるといった方法も考えられるのではないかと思います。

ダブルケアと仕事の両立を支える制度

２０１７年1月から介護休業法が改正され、介護休業の分割取得が可能になりました。より介護と仕事の両立がしやすい環境整備が目的です。

これにともない、企業の経営者、とくに中小企業の経営者たちは、93日の介護休業分割取得の運用をどのようにおこなっていくかに頭を悩ませることが多くなったのではないかと思います。

中小企業の現場では、育児休業制度の取得促進も進んできましたが、そもそも労働者が少ない現場で社員が柔軟に働ける職場づくりをおこなうのは、代替社員をどうするのかといった非常に難しい問題も含んでいて、そう簡単なことではありません。

ある企業の人事担当者によれば、育児休業のことは比較的話しやすいけれども、介護休業のことは「理解されにくいのではないか」という懸念から、社員が言い出しにくいという現状があるようです。とくに男性は介護していることを隠す傾向にあり、有給を取るなどして介護に関わっている人もいて、全体像が見えにくいといわれています。

また、介護支援や子育て支援に関わっている人たち自身が、ダブルケアを抱えながら働いている場合も多くあります。

支援者不足は、社会の大きな痛手となります。企業も福祉の現場も、それぞれが介護・子育てをしながらでも働きやすい環境を整えることが、ダブルケアラーの負担軽減の大きな鍵といえます。

ダブルケア支援を含めた制度の構想

子育て支援と介護支援、そして医療・看護など、それぞれの分野の政策、制度をしっかりと継続、拡充していくことがまず求められますが、ダブルケアラーの視点から見れば、子育て支援は高齢者支援にもつながり、高齢者支援は子育て支援にもつながります。この両方の制度とサービスが、一つの窓口で利用できるよう連携していることが理想です。

具体的にはどのような調整が必要か、ダブルケア視点から考えてみましょう。

子育て支援においては、緊急時の一時保育と、保育所の優先入所が第一課題といえます。

都市部では待機児童問題が深刻化しており、一時保育も常に枠がいっぱいです。高齢者の具合が急に悪くなり病院に付き添わねばならないような場合でも、子どもの預け先はなかなかありません。

また、認可保育所の入所基準では、親がフルタイムで就業していること、あるいはフルタイムで介護していることが優先されています。しかし、ダブルケアラーであるためには、パートや短時間労働にしか就けない人も少なくありません。そういう人たちは、介護とパートを合わせると、実質フルタイム労働になるにもかかわらず、それを優先するというダブルケア視点が欠けています。これからは、各自治体でこの入所基準を見直す議論を進め、ダブルケア世帯にも配慮した入所基準を設けることが求められます。

介護支援においては、「デイサービスの終了時間を、保育園に合わせて延長してほしい」という声をよく耳にします。

保育所は延長保育への対応がある程度広がってきていますが、デイサービスは一般的には午後4時前後までとなっており、変更がきかない場合が多いです。追加料金を支払えば延長できるところもありますが、その場合「送迎は家族で」と定めているところが多いようです。

夕方4時といえば、仕事をしている人は不在であることが多いですし、専業主婦であっても子どもの習い事などで忙しい時間帯です。利用者に経済的負担を強いずに、子育て世帯にも考慮した時間やサービス設定に見直す必要があるのではないでしょうか。

介護支援に関しては、以前に比べて改善された部分もあります。

かつてデイサービスの送迎は玄関口まででした。したがって、利用者が帰宅する時間には、必ず家族の誰かが在宅して迎える必要がありました。しかし2015年度の介護報酬改定により、玄関口から居宅内へ入っての介助（着替え、ベッド・車椅子への移動、戸締まりなど）を1日30分以内なら、サービスに含めることができるようになりました。とはいえ、家族不在時の鍵の管理については施設によりルールが異なり、利用者からすると必ずしも、使い勝手がいいとはいえません。

　このように、現状では子育て支援と介護支援の連携は十分に進んでおらず、ダブルケア世帯のニーズは、十分に考慮されていないのが実状です。

　しかし、「縦割り行政が問題だ」というのは簡単ですが、両方の支援を縮小させることなく、いかにつなげられるかは、慎重に考えていく必要があります。あるいは発想を変えて、子育て支援と介護支援のどちらかを大幅に拡充することによって、実質的にダブルケア支援につなげていくという方法もあるかもしれません。

　たとえば、子育て支援を拡充して、良質な保育所や学童保育を増やし、親の就業状況にかかわらず、すべての子どもが利用できるようにすれば、ダブルケアラーの子育て負担は大きく軽減され、子どもへのしわよせも減らすことができるのではないでしょうか。

ダブルケア総合相談窓口の設置――大阪府堺市

　子育て支援と介護支援の連携の具体的な取り組みとして、大阪府堺市の例をご紹介したいと思います。

　堺市では、２０１６年10月に自治体としてはじめて「ダブルケア総合相談窓口」を設置しました。それまでは子育てと介護の相談を別々の窓口でしなければなりませんでしたが、この相談窓口ができたことで、両方の相談をあわせてできるようになりました。具体的には、基幹型包括支援センター（市内7か所）にダブルケアラーの相談窓口を設置し、地域包括支援センター（市内21か所）とも連携して相談対応がなされています。

この相談窓口設置の効果について、当時の堺市の担当者の方は、次のようにいいます。

「総合相談窓口でアンテナをはって、ケースのアセスメントをするようになり、支援の幅が広がった。これまでは市役所内で、女性相談、子育て相談、介護相談と分かれていたが、ダブルケア総合相談窓口ができたことで、相談を受けるほうも、相談をする側も、ニーズや課題を表出しやすくなった。ダブルケアになっても安心な社会に。そういう機運をつくりたい」

このように、ダブルケア総合相談窓口の設置によって、市役所内の連携が可能になり、相談する側も、支援する側も、課題を共有することができるようになったといえます。

ダブルケア総合相談窓口には、ケアマネジャー、社会福祉士、保健師といった資格取得者が常駐しますが、担当者は自分の専門分野に加えて、子育て支援、介護政策、そして育児・介護休暇といった労働政策関連の研修を受け、ダブルケア支援に必要な知識を習得しています。その研修も、子育て支援課の新任向けの研修に介護担当者を参加させるなど、追加予算がかからない工夫がなされています。

また、堺市では独自に2016年7～8月にダブルケア実態調査を実施し、市民のニーズの実態把握につとめています。

ダブルケア総合相談窓口に寄せられた相談件数は、367件（2019年）にのぼります。私たちのダブルケア調査でも、介護と子育てと両方まとめて相談できる行政窓口を希望する人は全体の約9割（第8ステージ調査）で、ニーズが高いことがわかっています。堺市はこうしたニーズにいち早く対応した自治体です。

ダブルケア支援のさらなる課題は何でしょうか。担当の方は次の点をあげています。

「第1に、ダブルケア相談窓口の機能強化として、子育て部局等の関係機関との連携も含めて、支援体制を一層強化すること。そのために、職員の対応力向上に向けた研修を今後も継続的に実施していく。

第2に、ダブルケアの啓発と、ダブルケア相談窓口の存在をより一層周知し、ダブルケアラーが困ったときは一人で抱え込まないで、気軽に相談できる窓口をめざすことである。

第3に、ダブルケアを理由とする離職を防止するため、企業との連携を図っていくこと。ハローワーク等と連携し、窓口でのチラシの配架、企業が説明会に訪れる機会にチラシの配布や制度の啓発を実施していく。

そのほか、当事者同士が同じ立場で語り合い、共感しながら問題解決の糸口をみつけることが必要となってくる。支援の場として、当事者が介護と子育ての両方の事を話すことができる居場所づくりや参加への呼びかけ等、子育て支援機関と連携して取り組みを進めていく。」


ダブルケア支援をスタートして4年経過した堺市は、この4つの課題をあげています。堺市の取り組みに対しては全国からの問い合わせや取材も多く、自治体のダブルケア支援の枠組みや方向性を考えるうえでも、まず注視すべき自治体であることがわかります。

京都府のダブルケア研修とピアサポーター養成

次に京都府の実践を見てみましょう。

京都府では、介護と子育て、両方の専門知識をもった人材の育成を積極的に進めています。

２０１６年9月の議会で、ダブルケア対策に関する質疑がなされ、山田啓二知事（当時）がダブルケア視点での支援拡充の方針を発表しました。これを受けて京都府の高齢者支援課では、ケアマネ研修にダブルケアの内容を追加しました。さらに市町村の職員や子育て世代包括支援センター、地域包括支援センターの窓口担当者に向けた研修でもダブルケアの内容を取り入れるなど、ダブルケア視点をもった人材の育成に力を入れています。具体的には２０１８年度・２０１９年度に継続して、子育て支援・介護支援の現場スタッフへのダブルケア対応力向上研修が実施されています。ダブルケアとは何か、全国の実践例に関するレクチャーの後、子育て支援担当者と介護支援担当者は別々になります。子育て支援担当者は高齢者介護制度を、介護支援担当者は子育て支援関連の制度を学びます。その後、子育て支援担当者と介護支援担当者が一緒になって小グループに分かれます。典型的なダブルケアラーのケースを取り上げながら、ダブルケアラーの困りごとは何か、どのような支援が考えられるか、グループワークで深めていきます。こうした地道な取り組みが広がることで、子育て支援や介護支援の現場で「ダブルケア」に寄り添う支援者がどんどん増えていっています。

また、ダブルケア経験者がピアサポーター養成講座を受け、当事者同士の支えあいの核となることもめざされています。

京都府の場合は、子育て支援と介護支援の所管との連携が円滑であり、保健師をはじめとする現場の支援者の方々が、縦割り制度を超え、とても柔軟に地域包括ケアに向きあっています。

亀岡市の子育て世代包括支援センターでも、ダブルケアサロンなどの実践が積み重ねられてきました。相談窓口の一本化を進めてきた「NPO法人亀岡子育てネットワーク」・田中美賀子理事長（当時）は、「育児と介護の『ダブルケア』の相談にも対応したい」と語り、京都での相談窓口の広がりが期待されています。

京都府のダブルケア支援の課題について、京都府こども・青少年総合対策室と高齢者支援課は次のようにいいます。

「ダブルケアの知識をもつ人材を育成し、行政の相談窓口をさらに強化するだけでなく、今後は、同じ目線で悩みを共有し相談できるピアサポーターの活躍の場を広げ、ダブルケアラーを支える輪を広げることが必要です。」

このように、子育て・高齢者支援の担当者のダブルケア対応力向上と、ピアサポーター養成の両軸から、地域にダブルケア視点を浸透させていく地道な取り組みが重ねられています。

大阪府堺市や京都府の取り組みは、縦割り行政をこえてどうダブルケア支援に取り組むか、他の自治体や地域にも参考になる取り組みだと思います。

国レベルでも、「地域包括ケアシステム」という名のもと、地域の福祉・ケア課題を包括的に解決しようとする取り組みがはじまっています。

厚生労働省では、２０１２年度補正予算案より、在宅医療・介護支援の拡充を推進しています。そして、「地域まるごとケア」と名づけて、ダブルケアをはじめとする複合的なケア課題に対する支援体制の議論が進められています。

そして2018年には、ダブルケア視点も盛り込まれた2つの支援マニュアルが刊行されました。

ひとつが『市町村・地域包括支援センターによる家族介護者支援マニュアル～介護者本人の人生の支援～』（2018年3月厚生労働省）です。ダブルケアや遠方介護について4～5割の市町村で問い合わせや相談が寄せられていることから、ダブルケアの家族介護者支援について約半数の市町村が検討する状況にあるといえます（同書6頁）。

もうひとつは、『地域包括支援センター運営マニュアル（2訂）』（2018年6月）で、地域包括支援センター職員必携のマニュアルです。この「総合相談支援業務」に、ダブルケア支援も新たに盛り込まれたことは大きな進展です。

要介護者とともに家族介護者も自分らしい人生や生活を送ることができるような支援。そのためには、家族介護者を、「介護者」としてだけではなく、ひとりの「生活者」としてみていこう。このような視点から支援を行うことが、市町村や地域包括支援センターの重要な役割になりつつあることがわかります。

訪問型ダブルケアサービス

子育てと介護、両方の制度的な連携と同時に、両方を対象とした訪問型支援を増やすことは、ダブルケア視点に欠かせない課題でしょう。

ケアマネジャーやヘルパーは、家庭のなかに入ることのできる数少ない専門職です。そのため、家族が抱えるケアに関わる困難を「見つける」ことのできる存在ともいえます。

実際に、第４章で紹介した訪問介護事業をおこなう「ＮＰＯ法人ワーカーズ・コレクティブ たすけあい栄」のように、訪問介護ヘルパーが、介護保険制度枠外のサービスとして同居家族の子育てや家事支援もおこない、実質的に訪問型ダブルケア支援となっているケースは多くあります。

しかし、公的訪問介護サービスにおいては、家族が同居している場合、その家族に障害か、疾病があるか、高齢でない限り、提供できるのは身体介護のみで、生活援助サービスは受けることができません。また、子育て支援を受けようと思ったら、別途子育て支援事業に登録しなければなりません。相談窓口も手続きも別なら、当然支援者も別になりますし、子育てと介護を同時におこなうようなダブルケアに対応するサービスはありません。

また、介護・医療・看護の地域連携、とくに、地域のかかりつけ医が訪問診療に来てくれたり、信頼できる看護師による訪問看護は、ダブルケア世帯にとって命にかかわる大事なサポートです。訪問型ダブルケアサービスを、医療・看護も連携させて考えていくことが重要です。２００９年から東京都港区で全世代型・全領域型の在宅医療・療養連携システムづくりに尽力してきた成田光江さんは、『複合介護』という著書のなかで、家族を丸ごと支援できる人材の重要性を指摘しています。

産前産後支援から、子育て、介護、医療、看護、家事などの支援事業を「複合的ケア支援」として連携させ、統合させることが、今後の大事な課題となります。サービス内容を統合するには、家族を丸ごと支援するヘルパーの育成や、ケアマネジャーの役割の見直し、そしてその労働と貢献に見合った処遇の設定などが必要となります。

「家族支援」「ケア支援」などいろいろな言い方があると思いますが、本書では、「複合的ケア支援」という概念を使いたいと思います。

なぜなら、家族支援というと、家族のいない人などを排除することにつながる恐れがあるのではないかと考えるからです。

「家族支援」という言い方をする場合は、単身世帯、ステップファミリー、ひとり親家族、同性婚、事実婚家族など、多様な家族のあり方を想定して「家族支援」といわないと、「標準的な家族」ではない世帯を除外してしまう可能性が生まれます。「家族」という言葉に対して、私たちはいろいろなイメージや価値観をもっています。そうであるからこそ、「（多様な形態の）家族支援」と注意して使わないと、一定の標準的な家族を想定した「べき論」につながりやすく、とりこまれてしまいやすいことが危惧されます。

ですから、ケア関係にある親密な人（例：家族、親族など）を支援する「複合的ケア支援」という概念を広げていきたいと考えます。

家族における複合的なケア

では、「複合的ケア支援」という視点から家族を支援するには何が必要になるでしょうか。

第一に、ケアの受け手を対象とする支援制度から、ケアの受け手と提供者、両者を対象にした支援制度へと、発想の転換が必要です。現制度では、家族のなかに複合的に存在するケアへの対応が不十分だからです。

もちろん、複合的ケア支援を充実させるには、ケアの受け手である子どもや高齢者、障害者のニーズにできる限り対応することは基本中の基本です。そこに、複合的なケアの提供者である家族の視点を加えることの重要性が、これまでのダブルケアプロジェクトであきらかになってきました。

第二に、多様な家族の形を想定した複合的ケア支援が必要です。制度の谷間で支援を十分に受けられない人々を発生させないために、家族の形態や婚姻関係にかかわらず、ケア関係を軸にして支援する制度へと見直していくことが必要です。

第三に、男は外で稼ぎ、女は家事・育児・介護に責任をもつという、男性稼ぎ主型の社会設計から脱却し、男女にかかわらず仕事に従事し、育児・介護に携わることのできる社会を構想することが、今後のケア政策を考えていくうえで重要です。

女性が家庭を守り、男性が長時間労働をして、家族を養うのに十分な収入を得るというのは、現在ごく一部を除き不可能なモデルとなりました。

家計を維持するには共働きが必要な世帯の割合が、今後も増えていくでしょう。また、男性も女性も仕事とケア両方にかかわり、責任を共有できる制度の構築が望まれます。よって、共働きを前提としたケア政策、そして誰もがケアすることを前提とした労働政策が必要になります。

人と人をつなぐ磁石としてのダブルケア

ダブルケアラーは人と人をつなぐ「磁石」のような存在であると考えています。ダブルケアに関わる家族、親族、友人、地域の人々、さまざまな主体を引き寄せ、ネットワークを構築する核となります。

また、縦割り行政によって情報が分断されているなか、ダブルケア支援者も磁石となり、自分の担当領域の対応をしつつ、専門領域以外の部分では別の支援者につなぐことで、他分野の支援者の連携を可能にします。

ともすれば、専門家にとってやりやすい支援、行政が進めやすい政策が「ニーズ」として定義され、施策化されがちですが、ダブルケア支援とは、そうしたこれまでの方法そのものの再考を迫るものです。

当事者による「ダブルケアである」という自己定義、状況定義を、何よりも重要視すること。

個人の問題として抱え込まずに、社会全体の開かれた公共的な問題だと認知すること。

当事者たちに近い支援者たちがつながること。

こうした活動が続き、関わる人々が増え、関係性が深まることで、ようやくダブルケアサポートの基盤が構築されていくのではないでしょうか。

私たち自身が「磁石」であり、社会を変えていく「変革主体」そのものであるということを忘れずに、この問題を考えたいと思います。

多くの人々がダブルケアの問題を抱えるなか、次世代にこの問題を残さないためにも、実態を把握するための統計や仕組みの整備、支援策の開発を進めていかなくてはなりません。

ダブルケアがまともに評価される社会へ

複合的ケア支援は、正当で公正なケアの評価を基盤に展開することが重要です。人間は生まれてから死ぬまで、ケアされ、ケアをする関係のなかで日々を生きます。人生の過程で、ケアのないと思われる時期があったとしても、誰もが生まれたときに誰かのケアを受けたおかげで、命がつながれているのです。

そして、人生の最後は十分なケアを受けてこの世を去りたいと思う人は多いのではないでしょうか。

人の命を、成長を、暮らしを、尊厳を、守り、促し、支えるケアは、重要な社会貢献であり、立派な労働です。

育児や介護のケア労働は、正当に評価され、適正な報酬が支払われるべきです。ところが現状は、家族や親しい関係におけるケアに対して、正当に評価されているとはいえません。サービスおよび経済的な支援やケアする時間、ケアから離れる時間が保障されることが、正当に評価されることだと考えます。また、介護施設職員、保育士、ホームヘルパー、ケアマネジャー等、介護、育児に関連する職業の平均給与は、全職業の平均給与を下回る状況です。とくに高齢者介護分野での人材不足の原因の一つは、低賃金にあります。ケア労働の評価を政策的に引き上げていくことが、ケアを中心とした社会につながるのではないでしょうか。

ダブルケア視点で社会のあり方を問い直すことは、人間らしい生き方、働き方が可能となる社会づくりへの挑戦です。

おわりに

研究者は普通、これまでの関連研究を調べあげ、研究結果の見通しを立ててから、研究をはじめます。しかし、この研究は、「ダブルケア」という新しい概念をつくって、ゼロからスタートしました。

インタビューやアンケートなどの調査を進めていくなかで、ダブルケアで困っている人がいるという事実だけでなく、ダブルケアが多くの人に関わる、社会全体の問題であることを、私たち自身が理解し、確信していきました。そして、育児と介護という狭い意味のダブルケアだけではなく、複数のケアをする「複合的ケア」という広い視点でダブルケアを見ていく重要性を、現場の方々から教えていただきました。

「ダブルケアになって、どうしてよいかわからなかった」

「ダブルケアになったらどうしよう」

不安は、その対象や先行きが何かよくわからないことからくることが多いです。それを考えると、本書で紹介したダブルケアの当事者の方々が作成した、ダブルケアに関する冊子を「ハッピーケアノート」と名づけたのは、なるほどと思いました。知ること、共有することのポジティブさを体現しているからです。

本書の目的は、これまでの私たちの研究成果を読者の皆さんと共有することです。ダブルケアとは何か、そしてどんなサービスがあり、どんな支援が不足しているのか、どんな支援や制度が必要なのかを、できるだけ具体的に紹介しました。

手探りの研究を進める私たちの背中を押してくれたのは、ダブルケアの渦中にある同世代の女性たちや、ダブルケアを経験した先輩の女性たち、そして介護・子育て支援の現場の方々です。思いや経験を言葉にしたり、地域での実践の蓄積を紹介してくださったり、ダブルケア支援についてのアイデアを共有してくださいました。調査の過程で、子育て・介護の現場で日々奮闘される、知識、経験、熱意のある方々に多く出会いました。コロナウィルスの感染拡大にともない、介護事業所や保育施設が閉鎖されたり、利用自粛のところも増えています。福祉の支援者の方たちも、ダブルケア世帯をサポートしたくても、コロナウイルス感染拡大前のようにできないというジレンマを抱えて支援現場にいます。このような状況だからこそ、ケアに関わる仕事をする人たちの仕事を正当に評価することは、ダブルケア支援にもつながります。

ダブルケアをしている方自身も、自分のケアをしながらでないと、ダブルケアは続けられません。介護、育児は立派な労働で、大事な社会貢献です。ためらわずに専門家や地域、制度のサポートを利用しながら、ダブルケアをする「自分」のケアも忘れずに。大変なことが多いけれど豊かな部分が少しでも膨らむような、それぞれのダブルケアのあり方を、そして、ダブルケアを支えるような社会のあり方を、本書とともに一緒に考えていただけたらうれしいです。

とはいっても、ダブルケアを少し引いてとらえると、日本の社会制度が生み出す不平等・不公正や、ケア労働への低い評価といった問題が見えてきます。ダブルケア支援に必要とされる制度やダブルケアをとりまく社会構造への批判的な考察と、それを根拠づける理論的分析については、別稿（『大原社会問題研究所雑誌』ダブルケア特集〈1〉〈2〉【736号（2020年1月号）・737号（2020年2月号）】）をご覧いただければ幸いです。

この本が、皆さんのダブルケアのお役に立てば幸いです。また、ダブルケア支援に関わる介護、育児、地域包括支援に従事されている多くの皆さんのお役に立つことを願っています。

また本書が、コロナウィルス感染症の流行後の社会において、ダブルケア、そしてケアが社会、政治、経済の基盤として位置づけられる社会、そしてケアをする人が尊重される社会を描くのに、少しでも役に立てたら著者としてこれ以上の喜びはありません。

ふりかえれば、ポプラ社の斉藤尚美さんから、多くの方にダブルケアを知ってもらえるような本をつくってほしい、というお話をいただきました。斉藤さんは辛抱づよく伴走してくださり、どんなに感謝してもしきれません。後任の木村やえさんにも、たいへんお世話になりました。本当にありがとうございました。

最後に、２０１２年のダブルケア調査研究からともに走ってきた全国の仲間に、心より感謝して、本書を捧げます。なお、本書の印税は、さらなるダブルケア支援と研究の発展のため寄附させていただきます。

参考文献

書籍

・有吉佐和子（1972）『恍惚の人』新潮社
・ダブルケアホームページ（http://double-care.com/project）２０１９年10月４日アクセス
・葉真中顕（2013）『ロスト・ケア』光文社
・伊藤比呂美（2007）『とげ抜き 新巣鴨地蔵縁起』講談社
・伊藤比呂美（2014）『父の生きる』光文社
・厚生省（1964）『昭和39年度版厚生白書』
・厚生省（1998）『平成10年版厚生白書』
・厚生省（2016）『平成28年版厚生白書』
・厚生省（2018）『平成30年版厚生白書』
・水村美苗（2012）『母の遺産―新聞小説』中公文庫
・成田光江（2018）『複合介護―家族を襲う多重ケア』創英社
・岡野雄一（2012）『ペコロスの母に会いに行く』西日本新聞社
・佐江衆一（1995）『黄落』新潮社
・佐野洋子（2008）『シズコさん』新潮社
・佐々木亜紀子・光石亜由美・米村みゆき（2019）『ケアを描く―育児と介護の現代小説』七月社

・上野千鶴子（2000）『上野千鶴子が文学を社会学する』朝日新聞社
・米村みゆき・佐々木亜紀子（2008）『〈介護小説〉の風景―高齢社会と文学』森話社

論文等

・Himmelweit, S. (1999) 'Caring Labor; The Annals of the American Academy of Political and Social Science 561 (1), 27-38.
・川端美和（2005）「育児と介護が重なるたいへんさを、多くの人に知ってほしい」『おはよう21』２００５年４月
・成田光江（2012）「子育て・介護複合課題：子育てと仕事を両立しながら親を介護する女性の現状と課題」『看護』Vol. 64 (10), ２０１２年8月
・相馬直子・韓松花・山下順子・Kate Yeong-Tsyr Wang・Raymond K.H. Chan・宋多永（2020）「東アジアにおける社会的リスクとしてのダブルケア―日本・韓国・台湾・香港のケアレジーム比較分析」『大原社会問題研究所雑誌』No.736, 4-31.
・相馬直子・山下順子（2013）「ダブルケア（子育てと介護の同時進行）から考える新たな家族政策―世代間連帯とジェンダー平等に向けて」『調査季報』１７１号、２０１３年２月，14-17.
・相馬直子・山下順子（2016）「ダブルケアとは何か」『調査季報』１７８号、２０１６年３月，20-25.
・相馬直子・山下順子（2017）「ダブルケア（ケアの複合化）」『医療と社会』27 (1), 63-75.
・相馬直子・山下順子（2020）「日本における中高年女性のダブルケアと制度的不正義―福祉政策と当

事者の交渉過程に関する事例分析から」『大原社会問題研究所雑誌』No.737, 33-51.
・武川正吾（2000）「家族の介護力は元々存在しなかった」『社会学年報』（29）, 35-43.
・上村一樹・中村亮介（2020）「ダブルケア経験者の就業状態および負担感についての分析」『大原社会問題研究所雑誌』No.736, 32-62.
・山下順子・相馬直子（2020）「ダブルケアと構造的葛藤—なぜダブルケアは困難なのか」『大原社会問題研究所雑誌』No.737, 1-16.
・Yamashita, J. and Soma N. (2015) "The Double Responsibilities of Care in Japan: Emerging New Social Risks for Women Providing both Childcare and Care for the Elderly", Chan RKH (ed.) *New Life Courses, Social Risks and Social Policy in East Asia*, Oxford/New York: Taylor & Francis.

ホームページ

・ダブルケア研究ホームページ（http://double-care.com/）
・一般社団法人ダブルケアサポートホームページ（http://wcaresupport.com/）２０２０年１月１日アクセス
・株式会社ＮＴＴデータ経営研究所（2017）『内閣府委託調査　平成27年度育児と介護のダブルケアの実態に関する調査報告書』（http://www.gender.go.jp/research/kenkyu/wcare_research.html）２０２０年１月１日アクセス

・厚生労働省政策統括官付政策評価官室委託（2016）『高齢社会に関する意識調査』（https://www.mhlw.go.jp/stf/houdou/0000137669.html）２０２０年１月１日アクセス

・三菱ＵＦＪリサーチ＆コンサルティング株式会社（2013）『仕事と介護の両立に関する労働者アンケート調査』（https://www.mhlw.go.jp/bunya/koyoukintou/h24_survey.html）２０２０年１月１日アクセス

・ソニー生命保険株式会社・山下順子・相馬直子（2015）「ダブルケアに関する調査 2015（第５弾ダブルケア実態調査（ソニー生命連携調査））」（http://www.sonylife.co.jp/company/news/27/files/151222_newsletter.pdf）２０１９年10月４日アクセス

・ソニー生命・横浜国立大学・ブリストル大学（2017）「ダブルケアに関する調査 2017」（https://www.sonylife.co.jp/company/news/28/nr_170317.html）２０１９年10月４日アクセス

・ソニー生命・横浜国立大学・ブリストル大学（2018）「ダブルケアに関する調査 2018」（https://www.sonylife.co.jp/company/news/30/nr_180718.html）２０１９年10月４日アクセス

・統計局 平成29年就業構造基本調査（https://www.e-stat.go.jp/stat-search/files?page=1&toukei=00200532）２０１９年10月４日アクセス

ダブルケアをもっと深く考えたい方のための参考文献

・Daatland, Svein O., Marijke Veenstra & Ivar A. Lima (2010) 'Norwegian sandwiches', *European Journal of Ageing*, 7, 271-281.

・Daly, Mary & Jane Lewis（2000）'The concept of social care and the analysis of contemporary welfare states', *Sociology*, 51, 281-298.
・藤崎宏子（2009）「介護保険制度と介護の『社会化』『再家族化』」『福祉社会学研究』6, 41-57.
・藤崎宏子（2013）「ケア政策が前提とする家族モデル：1970年代以降の子育て・高齢者介護」『社会学評論』64（4）, 604-624.
・Grundy, Emily & John C. Henretta（2006）'Between elderly parents and adult children：A new look at the intergenerational care provided by the "sandwich generation"', *Ageing & Society*, 26, 707-722.
・Hillcoat-Nalletamby, Sarah & Judith E. Phillips（2011）'Sociological ambivalence revisited', *Sociology*, 45, 202-217.
・平山亮（2017）『介護する息子たち』勁草書房
・本田由紀・伊藤公男編（2017）『国家がなぜ家族に干渉するのか――法案・政策の背後にあるもの』青弓社
・猪熊宏子（2018）「子ども子育て支援新制度がもたらす保育の社会化と市場化」『大原社会問題研究所雑誌』722, 33-57.
・木下衆（2019）『家族はなぜ介護してしまうのか：認知症の社会学』世界思想社
・Kittay, Eva Feder（1999）*Love's Labor：Essays on Women, Equality, and Dependency*. Routledge ＝岡野八代・牟田和恵監訳（2010）『愛の労働あるいは依存とケアの正義論』白澤社

・三井さよ(2004)『ケアの社会学：臨床現場との対話』勁草書房
・西垣千春(2011)『老後の生活破綻：身近に潜むリスクと解決策』中公新書
・落合恵美子・阿部彩・埋橋孝文・田宮遊子・四方理人(2010)「日本におけるケア・ダイアモンドの再編成：介護保険は「家族主義」を変えたか」『海外社会保障研究』170, 4-19.
・澁谷智子(2018)『ヤングケアラー：介護を担う子ども・若者の現実』中公新書
・下夷美幸(2015)「ケア政策における家族の位置」『家族社会学研究』27 (1), 49-60.
・品田知美(2004)『"子育て法"革命：親の主体性をとりもどす』中公新書
・Suh, Jooyeoun (2016) 'Measuring the "sandwich" :Care for children and adults in the American Time Use Survey 2003 - 2012', *Journal of Family and Economic Issues*, 37, 197-211.
・宋多永・白暻欣(相馬直子訳)「韓国における中高年女性のダブルケア負担と制度的不正義」『大原社会問題研究所雑誌』No.737, 17-32.
・Tronto, Joan.C. (2013) Caring *Democracy: Markets, Equality, and Justice*, NYU Press.
・上野千鶴子(2011)『ケアの社会学：当事者主権の福祉社会へ』太田出版
・大和礼子(2008)『生涯ケアラーの誕生：再構築された世代関係／再構築されないジェンダー関係』学文社
・大和礼子(2017)『オトナ親子の同居・近居・援助：夫婦の個人化と性別分業の間』学文社
・要田洋江(1999)『障害者差別の社会学』岩波書店

本書をご購入した方で、視覚障害者、その他理由で活字で読むことが不便な方に、音声読み上げ用のテキストデータを提供いたします。下記までご連絡下さい。

ダブルケア事務局　wcare@ynu.ac.jp

相馬直子《そうま・なおこ》

1973年生まれ。横浜国立大学大学院国際社会科学研究院教授。子どもや女性が自由に生きられる社会の条件や道筋について、家族政策の比較研究から考えている。著作に、『子育て支援を労働として考える』（松木洋人氏と共編、勁草書房、2020年）がある。

山下順子《やました・じゅんこ》

1974年生まれ。ブリストル大学 社会・政治・国際学研究科上級講師。ヨーロッパと東アジア諸国を比較しながら、社会政策が人々の家族関係や介護関係にどんな影響を及ぼすのかを研究する。著作に、『労働再審5　ケア・協働・アンペイドワーク：揺らぐ労働の輪郭』（仁平典宏氏と共編、大月書店、2011年）、『Routledge Handbook of East Asian Gender Studies』（Jieyu Liuと共編、Routledge, 2020）がある。

ポプラ新書
200
ひとりでやらない
育児・介護のダブルケア
2020年11月9日 第1刷発行

著者
相馬直子 + 山下順子

発行者
千葉 均

編集
木村やえ・斉藤尚美

発行所
株式会社 ポプラ社
〒102-8519 東京都千代田区麹町4-2-6
電話 03-5877-8109(営業) 03-5877-8112(編集)
一般書事業局ホームページ www.webasta.jp

ブックデザイン
鈴木成一デザイン室

印刷・製本
図書印刷株式会社

©Naoko Soma, Junko Yamashita, 2020 Printed in Japan
N.D.C.369/232P/18cm ISBN978-4-591-16828-8

落丁・乱丁本はお取り替えいたします。小社宛にご連絡ください。電話0120-666-553　受付時間は、月～金曜日9時～17時です(祝日・休日は除く)。読者の皆様からのお便りをお待ちしております。いただいたお便りは一般書事業局から著者にお渡しいたします。本書のコピー、スキャン、デジタル化等の無断複製は著作権法上での例外を除き禁じられています。本書を代行業者等の第三者に依頼してスキャンやデジタル化することは、たとえ個人や家庭内での利用であっても著作権法上認められておりません。

P8201200

母という病

岡田尊司

昨今、母親との関係に苦しんでいる人が増えている。母親との関係は、単に母親一人との関係に終わらない。他のすべての対人関係や恋愛、子育て、うつや依存症などの精神的な問題の要因となる。「母という病」を知って、それに向き合い、克服することが、不幸の根を断ち切り、実り多い人生を手に入れる近道である。

ポプラ新書 好評既刊

どこまでやるか、町内会

紙屋高雪

大きな災害が起こるたびに人々の結びつきが注目され、町内会の存在がクローズアップされる。一方で、高齢化で担い手がいない現実や、子育て世代にとって負担の多い活動が、ご近所トラブルのもとになることも。町内会と行政の関係や新興の町内会のあり方を通して、町内会に関わるすべての人の疑問や思いにこたえる1冊。

本当は怖い小学一年生

汐見稔幸

なんのために勉強するのかわからない。そもそも授業がつまらない。親の過剰な期待に振り回されている。――「小1プロブレム」と呼ばれ、小学校低学年の教室で起こるさまざまな問題は、じつは「学びの面白さを感じられない」子どもたちからの違和感や抵抗のあらわれだ。子どもの可能性を引き出すために、今必要なものは何か。教育、子育てへの提言。

ポプラ新書　好評既刊

感染症対人類の世界史

池上彰＋増田ユリヤ

幾度となく繰り返されてきた感染症と人類の戦い。天然痘、ペスト、スペイン風邪、そして、新型コロナウイルス。シルクロードの時代から人と物の行き来がさかんになり、感染症も広がっていった。現代と変わらないような民族対立やデマの蔓延の一方で、人類史に残る発見もあった。感染症の流行が人類に問うてきたことから冷静に向き合う術を学ぶことができる。

ポプラ新書　好評既刊

コロナ時代の経済危機

世界恐慌、リーマン・ショック、歴史に学ぶ危機の乗り越え方

池上彰＋増田ユリヤ

世界恐慌、オイルショック、リーマン・ショック、そして、コロナショック。歴史的な経済危機の時にリーダーたちがどう振る舞ったか、何を伝えたか、そしてどのような政策をとったかを検証することで、復興へのヒントを探る。危機の事態にどのような対応をするべきか、その答えはいつも歴史にある。

ポプラ新書　好評既刊

スマホを捨てたい子どもたち

野生に学ぶ「未知の時代」の生き方

山極寿一

講演会で、多くの高校生がスマホを手にしながら、「スマホを捨てたい」と言った。AI時代に生きる若者が、スマホで人とつながることに漠然とした不安を感じているのだ。およそ200万年前の人類の歴史とゴリラ研究の見地から、生物としての人間らしさ、隠された野生の力を探る。ゴリラ研究者が語る、知的好奇心に満ちた「ヒトの未来」とは。

生きるとは共に未来を語ること　共に希望を語ること

昭和二十二年、ポプラ社は、戦後の荒廃した東京の焼け跡を目のあたりにし、次の世代の日本を創るべき子どもたちが、ポプラ（白楊）の樹のように、まっすぐにすくすくと成長することを願って、児童図書専門出版社として創業いたしました。

創業以来、すでに六十六年の歳月が経ち、何人たりとも予測できない不透明な世界が出現してしまいました。

この未曾有の混迷と閉塞感におおいつくされた日本の現状を鑑みるにつけ、私どもは出版人としていかなる国家像、いかなる日本人像、そしてグローバル化しボーダレス化した世界的状況の裡で、いかなる人類像を創造しなければならないかという、大命題に応えるべく、強靭な志をもち、共に未来を語り共に希望を語りあえる状況を創ることこそ、私どもに課せられた最大の使命だと考えます。

ポプラ社は創業の原点にもどり、人々がすこやかにすくすくと、生きる喜びを感じられる世界を実現させることに希いと祈りをこめて、ここにポプラ新書を創刊するものです。

未来への挑戦！

平成二十五年　九月吉日　　株式会社ポプラ社